モチベーション再考

コンピテンス概念の提唱

ロバート・W・ホワイト 著

佐柳信男 訳

新曜社

White, R. W. (1959).
Motivation reconsidered: The concept of competence.
Psychological Review, 66(5), 297-333.

はじめに

動物行動と精神分析的自我心理学ほどかけ離れた領域で似たような動向が見られるとするならば、それはおそらくものごとのとらえ方が大きく進化していることの現れだと考えてよいだろう。この2つの領域だけでなく、心理学全般を俯瞰すると、生理的動因に基づくモチベーション理論に対する不満が高まっている。不満を表明するのに使われる言葉や概念は違えど、背景にあるテーマは共通している —— 生理的動因が動物および人間の行動を生起させる唯一の力だと想定すると、重要な何かが欠落してしまうのだ。

不満が向けられている理論の代表は、ハルの動因低減説とフロイトの精神分析的本能論である。どちらの理論も現在では正統と認められているものであり、互いの類似度はおおむね高い。どちらの理論も明快さが魅力であり、広く議論されてきているので概要もよく知られている。反面、これらの理論に不満を向ける諸研究の立場は、真逆の状況に置かれている。これらの研究はおびただしい数あり、的を射た論考も数多いが、これまでのところ、それらすべてを明白に包括するような概念化がなされていない。おそらく、その概念化をすることは難しいことなのだろう。

本書では、動因に基づく理論で見落とされてしまっている重要な事象の一部を束ねるような概念化を試みる。その概念はコンピテンス（competence）と呼ぶことにする。これは日常に使われる狭義の用法[1]というよりは、より広い生物学的な意味を包含する。本書においては、コンピテンスとは生物が環境と効果的に相互作用する能力を指す。学習する能力が限られているような生物においてこの能力は生得的な特性だと考えられるが、可塑性に富む神経系を持つほ乳類、特に人間のような生物では、環境と相互作用する能力は長期の継続的な学習を通して少しずつ獲得されるものである。このような学習につながる行動には指向性と持続性があり、そのことに鑑みると、コンピテンスは動機づけ的な側面があると想定することが必要だろう。本書の主たる論点は、コンピテンスの獲得を目指した動機づけは、「動因」や「本能」として概念化されている動機づけから派生していると考えることには無理がある、ということである。ヒトや高度なほ乳類が環境と相互作用するコンピテンスは成長とともに発達する。このようなコンピテンスは生まれた時点においては持ち合わせていないことが明らかだし、成熟を通して獲得するわけでもないことは確かである。この発達を説明するには、従来とは異なる動機づけ概念が必要である。そのような概念を使わずには、生物学的に頑健な人間性についての見方はできないとさえ思われる。

まず、心理学の複数の領域における関連の動向を検証する。このことを通して、本書で提唱している考えが、既に動物行動、児童発達、認知心理学、精神分析的自我心理学、さらには人格心理学の各分野の研究者によって述べられていることが明らかになるであろう。本書にオリジナリティがあるとするならば、それはパズルのピースを組み立てた点である。これらのピース自体は新しいものではないかも知れないが、それらは今、私たちの目の前のテーブルに広げられている。それらを改めて見つめ直すことで、理論の全体像の中でどのように組み合わせられるのか、より明確にすることができるだろう。

目次

装幀＝新曜社デザイン室

1　動物心理学における動向

動物行動において最も顕著なもののひとつに、環境を探索する傾向をあげることができる。ネコは好奇心が過ぎて自らを死に陥れてしまうことがあるといわれるし[2]、イヌの特徴的な行動は自分の環境を徹底的に調べることである。また、自分の周りを絶えず徹底的に調査するように見えるサルの様子は、サルを観察する研究者を感心させるほどである。厳格で簡素な理論で知られているパブロフでさえ、探索反射（investigatory reflex）もしくは指向反射（orientating reflex）と呼ばれるものを想定せざるを得なかった。ダシール（Dashiell, 1925）やニッセン（Nissen, 1930）など妨害法（obstruction method）を用いた初期の研究では、ラットが新奇な空間を探索するためだけに電流の流れたグリッドを横切ることが報告されている。研究者の中には、このような行動はすべて何らかのかたちで飢え、渇き、性欲、もしくはその他の生物学的な欲求を満たそうとしているのだと主張する者もいた。しかし、これらの研究では、生理的な欲求をすべて満たした状態でも環境についての学習が起きることが示されたので、生理的な欲求に結びつけるそのような考え方は揺るがされた。１９５０年の少し前から、探索行動だけでなく、活動と操作も独立した動機としてとらえなければならない可能性を示す研究が相次いで発表されている。

1・1　探索行動

バトラー（Butler, 1953）は、実験室の待合室の日常的な風景が覗ける窓を開けるというだけの報酬でもサルが弁別課題を学習した実験結果を報告した。そのようにして学習された弁別能力は、消去されにくかったという。その後の研究で、バトラーとハーロウ（Butler & Harlow, 1957）は、やはり待合室を観察するだけの報酬でサルが４種類の弁別に成功したことを報告している。これらの結果を受けてバトラーは「サル、そしておそらくすべての霊長類は環境の視覚的探索に対する強い動機を持っており、そのような動機は、反応を確実に生起させる他の動機と同様に学習をもたらすと考えられる」と結論づけている。モンゴメリー（Montgomery, 1954）も、主要な生理的な欲求を満たしたラットがＹ字迷路の行き止まりの方の分かれ道を避け、より探索する余地のある広い迷路につながる方の分かれ道を学習したと報告している。同様に、マイアーズとミラー（Myers & Miller, 1954）が実験を行ったラットは、隣接する部屋を覗いてにおいを嗅ぎ回るためだけにレバーを押すことを学習した。ジンバルドーとミラー（Zimbardo & Miller, 1958）はこの実験をさらに改良し、隣接する２つの部屋における新奇性の程度を変化させ、「新奇な環境を探索する機会、もしくは環境における刺激の変化をもたらそうとすることが強化子となるとの仮説が提起された」と述べている。

　これらの実験結果からは、これまでに提起されていたものとは独立した探索動機の存在が示唆されているようにも思える。実験で動物により自由な行動が許容された状況において、そのような行動の性質が垣間見える。試論的な研究で好奇心について論考を加えたバーライン（Berlyne, 1950）は、のちに実験を積み重ねて考察を進めた（Berlyne, 1955, 1957, 1958）。彼の実験では、ラットを馴染みのない空間に放し、少しずつ新奇な物体をその空間に加えていくというものだった。新奇な物体に対してラットは接近し、においを嗅ぎ、探索するという行動を起こした。このような反応は比較的早く消去されたが、さらに新奇な物体が追加されると、ほぼ元の強さの反応が再び生起した。一方、チンパンジーにおける探索行動については、ウェルカー（Welker, 1956）が研究している。様々な物体の対をチンパンジーの前に置き、どのように関心を示すかを観察した実験で、チンパンジーは当初不安そうな様子で慎重に物体へ接近し、くまなく調べて一通り扱った後に物体を放り出した。新たな物体の対を与えると、同様の行動が再現された。これはバーラインのラットでの一連の実験と同じ結果である。

ウェルカーは、チンパンジーに共通の嗜好性があるかどうかを確かめるために物体を対にして提示した。より大きいものとより色鮮やかなものはより強い興味を喚起したが、より長い時間扱われたのは、動かすことができたり、変化させることができたり、音が鳴ったり、光が点灯するような物体であった。

バトラー（Butler, 1958）やコーファー（Cofer, 1959）による最近のレビュー論文では、同様の実験が動物を研究する多くの研究機関で行われており、全般的に同様の結果が得られていることが示されている。

1・2　動因としての探索

これらの実験を実施した研究者たちは、探索を独立した一次的動因としてとらえるべきだとの考え方に傾倒しているといえる。どの実験計画でも、その他の一次的動因を満たそうとしている。しかし一方で、従来の理論を擁護する立場からは、新たな動因を認めることに対して2つの反論が存在する。ひとつの反論は、探索行動が二次的強化の結果として説明できるというものであり、もうひとつは不安低減による強化だと説明できるというものである。

視覚的探索によって弁別が学習され、さらにそれが消去されにくいことを示したバトラーの結果を考えると、ひとつめの反論には大きな無理がある。一次的動因の強化が行われない実験においては、二次的強化をしたとしても反応の消去は防げないはずである（Miller, 1951）。しかも、急激な消去が見られたバーラインのラットやウェルカーのチンパンジーの場合でも、新奇な刺激が追加された場合に探索行動もすぐに復活することは（Berlyne, 1950）、二次的強化ではどうにも説明しがたい。もし探索行動が二次的強化の結果であるとするならば、新奇な状況における探索行動は一次的動因を満たすような報酬と頻繁に関連するものだと仮定することが必要である。たとえば、若い動物の探索行動がかなりの頻度で食物の確保につながっていなければならないことである。このような状況は、環境にエサを求めて探す成熟した動物には当てはまるかも知れないが、乳離れしていない幼いほ乳類には明らかに当てはまらない。幼い動物における学習過程は、新奇な事柄に対する関心を決して強化しえないのである。既存の刺激に対して既存の反応をすることによって欲求充足がもたらされるのであり、逆に、幼い動物が乳房に代わる新奇な刺激を追い求めても、欲求は充足されない。ほ乳類における幼少期の行動パターンは、むしろ二次的強化を想定するような考え方とは真逆だとさえいえる。幼体よりは母親が積極的に欲求充足を提供しようとするのであり、探索行動をして乳飲み子が母親の守れる範囲から出てしまった場合は、母親がそれを連れ戻さなければならない。どのように考えても、二次的強化によって探索行動がもたらされるとの仮説は、幼い動物の生態における探索行動と欲求充足の間にあり得ない仮定をしなければ成立しない。

一方、探索行動が恐怖と関連しており、不安の低減によって強化されているとの仮説は一見、ひとつめの反論よりはもっともらしく思える。ウェルカーのチンパンジーたちが新奇な物体と接するときに不安そうな様子だったことも整合するし、ホワイティングとマウラー（Whiting & Mowrer, 1943）のラットの迷路実験では最初に恐怖反応が生じたものの、すぐに報酬のエサを食べないほど熱心に探索しはじめたこととも整合する。ところが、モンゴメリーとモンクマン（Montgomery & Monkman, 1955）は、この仮説に真っ向から挑む実験を行った。彼らの実験では新奇な状況に投入する前のラットに恐怖を喚起したが、その結果、探索行動は増えるどころか、むしろ喚起された恐怖が大きいほど探索行動が減ることが示された。モンゴメリーとモンクマンは、恐怖と探索は行動としては互いに相反するものだと考える方が合理的だと結論づけている。この考え方は、論理的にも正当化できるものである。恐怖は、行動としては硬直や回避として現れるものだが、探索は接近として現れることがよく知られている。動物が探索と逃避の間で躊躇する状況など、両立しない行動の例としてこれ以上に典型的なものはないといってもよい。確かに、探索によって不安が低減することはあるが、以上のようなことに鑑みると探索が不安を低減するためだけに存在するというような主張は受け入れがたい。

それでは、探索が不安低減によって動機づけられているという仮説を支持するためには、どんな想定が必要だろうか。まず、特定の特徴を持った刺激が不安を喚起し、その刺激を探索することによって不安が低減すると想定しなければならない。そのような刺激の特徴が新奇性や馴染みのなさだというならば、乳児にとってはすべての経験が新奇で馴染みがないものだとするバーライン（Berlyne, 1950）の指摘にはどう応えるだろうか。さらに、バーラインは探索反応が「当初はあらゆる刺激によって喚起されるものの、個体が刺激に馴化すると消去（習慣化）されるものだと考えられる」と提起している。しかし、すべての刺激が当初は不安による緊張を喚起すると仮定した場合、それに対する反応はすべてその緊張を低減するための回避行動がまず起きるはずだと推論することが妥当である。刺激に接近し、緊張が増すような状況を自ら作り出すことなどあり得ない。このように考えると、探索行動が不安低減の機能を果たすには、そもそも探索する傾向が備わっていなければならないことになる。ウッドワース（Woodworth, 1958）が指摘するように、「恐怖動因と拮抗し、それを乗り越えるような探索動因がなければ、動物は新奇の状況で無力だということになってしまう」。私も、これほどまでに恐怖を生まれ持った私たちのような生物が、生理的欲求だけの力で環境を効果的にマスターできるとは思えない。

　これまで見てきたように、二次的強化および不安低減の仮説のどちらも、あり得ない仮定をしなければ成立しない。それでは、従来から認められてきた他の動因と同じように探索を一次的動因とみなして扱うべきなのだろうか。マイアーズとミラー（Myers & Miller, 1954）は、「探索の傾向が、飢えなど他の動因と同様に学習をもたらすことができ、充足や回復の形態も似ているなど、既知の動因と機能が十分に似ていれば、動因とみなすことは正当化されるだろう」と既存の動因と同様の機能的特徴が備わっているならば、新たに一次的動因とみなすべきだと主張している。確かに、論理的にはこのように扱うことができるが、もし探索を新たな動因と認めた場合に一次的動因という分類にどのような結果がもたらされるか、慎重に検討するべきである。

飢えを代表的な例として考えると、動因には以下の特徴がある。（a）神経系の外の組織に生じた欲求もしくは欠乏により、生体システムに強い持続的な刺激が与えられる、（b）これにより、完了反応をもたらすような活動が促進され、その結果として欲求も低減する、そして、（c）欲求の低減により、適切な目標物を追求するような効果的な行動が徐々に学習される。この理論では、喚起された動因による緊張は不快感をもたらすと考えられる――少なくとも、動物は動因を低減するように行動をするし、動因が低減された後は、行動が生起しなくなる。これほどまでに単純化した考え方を現在擁護する者はいないかも知れないが、理論自体は今でも広く受け入れられている。そして、探索動因はこの考え方にまったくといってよいほど当てはまらないと指摘すべきだろう。

第一に、探索動因は、神経系の外の体内組織における欲求や欠乏とは何ら無関係であるように見受けられる。一方、外的環境における特徴的な刺激とは当然関係がある――このような外的環境からの刺激を動機づけとしてみなす立場の現代心理学での復権をハーロウ（Harlow, 1953）は主張してきている。しかしながら、探索動因は、飢え、渇き、性欲といった肉体的な欲求とは明らかに関連していない。ウェルカー（Welker, 1956）におけるチンパンジーの欲求の充足と回復についての結果から、ウッドワース（Woodworth, 1958）は「充足されるのは探索する全般的な傾向ではなく、特定の場所もしくは物体の探索である」と述べている。これは、ヘッブ（Hebb, 1955）が指摘するように、脳のいわゆる網様賦活系（reticular activation system）が一種の動因のような状態を作り出し、それが知覚的刺激の変化に柔軟に対応していると考えることもできる。興味深い指摘ではあるが、いずれにしても、生理的な動因とは似ても似つかないものであることに変わりがない。それよりは、神経系の状態と外的刺激の相互作用によって動機づけられた探索行動がもたらされているという、動機づけが神経系に起因するものだという新しい考え方を検討すべきだろう。仮に外的な刺激だけに起因すると考えようとすると、探索をもたらすのに適切な刺激の強度や持続時間を想定できないという問題に突き当たってしまう。新奇性を強度や持続性で表すことはできないし、動物は疲れているときなど、そうでない状況であれば探索したかも知れない刺激を無視してしまうことも多いためである。

第二に、探索行動は、いかなる完了反応にもつながらない。通常、動物の探索行動は徐々におさまっていく。動物がそれまで探索していた新奇な物体から離れた場合、好奇心が「満たされた」ということはあるかも知れないが、それは完了反応が起きたこととは同義ではない。このような一連の行動を観察していると、好奇心は少しずつ薄れ、少なくとも新奇な刺激が新に出現しない限りは行動を生起させなくなると見た方が適切だろう。

最後に、探索行動においては、強化と欲求低減の関連を見出すことは非常に困難である。Y字迷路での学習に関する実験を行ったモンゴメリー（Montgomery, 1954）は、行き止まりになっている短い方の分かれ道は探索動因を低減させ、複雑な迷路につながっている長い方の分かれ道は探索動因を増大させるはずだと指摘している。ところが、実験で選択されるのは長い方の分かれ道なのである。長い方の分かれ道が強化子として機能しているのであれば、「強化のメカニズムは、動因の低減ではなく、動因の増大」だということになってしまう。この実験では、動物は新奇な刺激を押し付けられるまで待ち続けるわけではないし、新奇な刺激を避けようともしない ―― 自然界の動物も同様である。そこで見られた行動は、欲求の低減ではなく、喚起や励起が強化と関連していると想定すれば最も説明がつく。完了的な終結のない動因の場合は、このように想定する以外に道がないのではないだろうか。いずれにしても、環境に対する肯定的な関心の低減や、熱心な覚醒の状態から退屈な状態への漸次的な移行と強化が関連しているという想定は明らかに理に適わない。

すなわち、もし探索を一次的動因に追加するというのであれば、動因は体内組織における欠乏や肉体的な緊張などの神経系の外の刺激は不要であり、強くて継続的な刺激がなくても喚起されるものであり、完了反応が不要であり、動因の増大が強化のメカニズムになりうるということを認めなければならなくなるということである。

1・3　動機としての活動と操作

旧来の理論を批判する者たちによって提唱されている新たな動機は、探索だけではない。また、動機づけられた行動をもたらす環境的な要因は新奇性のほかにも指摘されている。動物の活動を制限する実験結果から、研究者の中には、活動への欲求を推す主張もある。ケーガンとバークン（Kagan & Berkun, 1954）は、車輪状の運動器具の中を走れるという報酬だけでも「レバーを押すという道具的反応を強化するには適切だった」と結論づけている。また、ヒル（Hill, 1956）は、ラットがその直前に監禁されていた程度と相関して運動器具の中で走る量が増えることを示した。このような運動器具が、実験で使われたラットにとっては新奇性がなかったことは確かだろう。それでもこれらのラットは走りたいという意欲を持っているように見受けられ、さらには長時間走り続けたため、その行動の一部分だけを完了反応として特定することはできない。不活動によって生じた不快な内的状態が運動によって徐々に取り除かれるのかも知れないが、これは明らかに運動感覚的刺激と筋出力の大幅な増加によってもたらされたものであり、生体システム全体において興奮状態が高まったことを示唆する。

一方、ハーロウたち（Harlow, 1953; Harlow, Harlow, & Meyer, 1950）は、操作動因が存在すると主張している。操作動因は、特定のパターンの外的刺激によって喚起され、その外的刺激のパターンを能動的に変えることによって低減する。彼らの実験ではアカゲザルが機械的なパズルを解いたが、パズルを解いてもそれ以上の結果や報酬は生じなかった。パズルはたとえば、フックとピンで留められた掛け金を持ち上げるというものであった。フックとピンを外して掛け金を持ち上げても特段何かが起きるわけでも、新たな発見がもたらされるわけでもなかった。このパズルをアカゲザルが飼育されている檻に入れたところ、サルたちは繰り返しパズルのところに戻り、毎日7回も8回もそれを解いたという。反復されるような行動をもたらす刺激は、新奇性のあるものだとは考えにくい。この現象の最も単純明快な解釈は、ジンバルドーとミラー（Zimbardo & Miller, 1958）が指摘するように、「環境の刺激を変化させる」ことに動物が価値を見出しているというものだろう。このような定式化は、人間の動機づけについての議論でたびたび言及されてきた熟達（mastery）や影響力（power）を求める傾向と類似している。

探索に加えて活動や操作を一次的動因として認めると、旧来のモデルを維持することがさらに難しくなる。しかし、その旧来のモデルは、元々の得意分野であった動物実験の最近の研究成果によって窮地に追いやられている。40年前にはとても有用だった飢え、渇きや性欲に代表される単純な説明では、事足りなくなってきているのだ。

1・4　変化する「動因」のとらえ方

モーガン（Morgan, 1957）は、動因を不快な刺激としてとらえる考え方は１９４０年を過ぎたあたりから支持を失いはじめたと指摘し、「全般的に、動因そのものを刺激としてとらえて概念化することは、実験で裏づけられた事実だというよりは、希望的観測にしか過ぎない」と批判している。生化学と脳生理学における技術革新によって新たな知見がもたらされたことで、「動因は、内的環境が神経系にはたらきかけることによって生起する」という見方への急激な移行が起きているとのことである。最も大きな発見のひとつは、「飢え」がキャノンが飢え動因モデルで想定したような単一のものではなく、10以上もの栄養に対する欲求が個別に存在していることが動物実験で確認されたことである。たとえば、動物の摂取するエサの中で塩、糖、もしくはビタミンB群など、どれか特定の栄養素が欠乏すると、欠乏している栄養素が豊富なエサを優先して積極的に食べるようになる。同様に、特定の栄養素を胃や血流に注入すると、その栄養素が豊富な食物は避けられるようになる。これは、単に胃の収縮では説明できない現象である。ビーチ（Beach, 1942）の性行動に関する初期の研究も、性欲が単純な動因であるとの旧来の考え方と整合しない。すなわち、性動因の生起と維持には、周辺環境の刺激よりはホルモンの分泌量が関連していたのだ。ビーチ（1951）はさらに研究を進め、性行動が「複数の過程の複雑な組み合わせによって支配されている」と結論づけている。その支配の様式も、動物の種によって大きく異なるし、同じ種でもオスとメスで著しく違う場合があると彼は指摘している。飢えと同じように、性欲も決して単純なメカニズムではないのだ。

　動物の脳の特定部位を損傷させたり刺激したりする手法の開発によって得られた新たな知見も、旧来の動因モデルに大きな打撃を与えている。神経系、中でも特に視床下部が動機づけ過程と深くかかわっているようである。視床下部に損傷を加えた動物実験の結果からステラー（Stellar, 1954）は「個別の基本的動機づけごとに」個別の中枢があり、「それぞれ励起中枢のほかに、励起中枢の活動を抑える抑制中枢も存在する」と推論した。ところが、研究が進むにつれてこの推論も単純すぎる可能性も出てきた。たとえば、ロスヴォルド（Rosvold, 1959）は性行動についてのレビュー論文の結論において、大脳の単一の中枢が司っているというよりは、「おそらくは神経系に広くまたがっており、新旧の脳構造の間、そして神経系と生理系の間の複雑な相互作用があるだろう」と述べている。いずれにせよ、ミラー（Miller, 1958）の丹念な研究からは、通常の飢えや通常の苦痛・恐怖によって引き起こされるのと同様の動機づけられた行動を視床下部の特定の部位を刺激することで生起させられることは、ほぼ疑う余地がない。神経系の外にエネルギーが由来しているという古い動因モデルに私たちが戻るべきでないことは明らかである。周辺環境の刺激による影響があるにせよ、動因には神経中枢や神経系の反応パターン、そして内的な生化学的状態も関係している。

それでは、これらの新しく発見された事実と整合させるためには、どのようなモデルが必要なのだろうか。ラシュリー（Lashley, 1938）は、動機づけを生体における平衡状態の乱れとしてではなく、「特定の知覚的運動が部分的に励起し、それが他の反応システムに作用する」ものだとみなすべきだとの見解を示した。ビーチ（Beach, 1942）は、神経系に「シェリントンが指摘する中枢興奮状態と同様の状況が生じるのではないか」と仮定している。また、モーガン（Morgan, 1943）は、これらの知見の統合を試みているが、その理論はその後の研究（Morgan, 1957）にも耐えるものであった。彼の理論では、生化学的動機づけ要因（humoral motive factors）と中枢的動機づけ状態（central motive states）という2種類の過程が区別されている。生化学的な要因は血液やリンパ液における化学的もしくはホルモンの成分を指しており、主に神経中枢の感度に直接作用して行動に影響する。中枢的動機づけ状態には、①神経回路を介していてある程度自己維持的であること、②当該個体の全般的な活動量を増加させる傾向があること、③環境からの強い統制がなくても行動の生起を促進すること、そして④適切な刺激にありついたときに生起する完了反応をプライミングもしくは準備することといった特性があげられている。このモデルは旧来の動因モデルとはかけ離れているが、一方で、旧来モデルが事実からかけ離れてしまっていることも現在では認めざるを得ない。

　このように動因概念は飛躍的な進化を遂げているわけだが、そのことに鑑みると、動因低減説の正当性が困難に直面する現状は驚くことではない。動因低減と強化を結びつけたかつての知見は、動因低減がない状況でも学習が成立することを示す一連の実験によって直接反証されている。

シェフィールドとロビイ（Sheffield & Roby, 1950）は、飢えたラットに栄養のある物質ではなく、人工甘味料のサッカリンが入った水を報酬として与えても、道具的学習が成立することを示した。これは「動因の低減が一次的強化をもたらすのだとハルが主張した原理と整合しない」ように見受けられる。この著者たちは動因低減の重要さ自体については疑問を呈しているわけではないが、動因を低減せずともより直接的で迅速な強化のメカニズムが存在する可能性を指摘している。シェフィールドとロビイは、「道具的学習には、欲求充足そのものよりも、完了反応の刺激と遂行の方が重要だと思われる。これは、学習されたのではなく、一次的なものだろう」と述べている。彼らのこの研究は、ニワトリを使ったウルフとカプロン（Wolfe & Kaplon, 1941）とも整合する。この実験ではエサの粒の大きさを変え、ニワトリがエサをついばむ回数のエサの量との関係を操作した。その結果、ニワトリの学習には食べた量よりもついばんだ回数の方の関連が強かった。すなわち、1回ついばんでエサを摂取した場合よりも、4回ついばんで同量のエサを摂取した場合の方がより強く強化されたのだ。

動因低減ではなく、完了反応が強化メカニズムを司っているのだとの考え方は一歩の進歩だといえるが、その後の研究で、さらに一歩の進歩が必要だということが明らかになっている。励起された欲求が完了に達しなくても強化は起きるのだろうかという可能性を検証するため、シェフィールド、ウルフとバッカー（Sheffield, Wulff, & Backer, 1951）はオスのラットに報酬としてメスと交尾する機会を与えた――ただし、射精に達する前に引き離した。その結果、動因の低減も完了反応も起きなかったにもかかわらず、道具的学習は促進された。これらの結果は、同様の条件で実験を行ったケーガン（Kagan, 1955）でも追試された。ただし、射精が許された場合の方が学習は早かった。このような現象を説明するために、シェフィールド、ロビイとキャンベル（Sheffield, Roby, & Campbell, 1954）は学習が欲求の励起と関連しているとする動因誘発説（drive-induction theory）を提唱している。本書でもこれまでに見てきたように、探索を動因として認めるためには、このような想定をすることが必要である。ついでながら、幼児性欲の理論も、完了行動がなく、動因低減も長期的な微減しか想定していないモチベーションの理論だと指摘できよう。旧来の動因低減仮説にとどめを刺したのは、脳の特定部位に電気刺激を与えることで正の強化がもたらされることを示したオールズとミルナー（Olds & Milner, 1954）の研究である。このことからもやはり、モチベーションと神経中枢が深くかかわっていることがわかる。動因低減という単純なメカニズムは、学習理論の基盤にはなりえないのだ。

以上のように、この20年間の研究により、旧来的な動因モデルは粉砕されたといってもよい。動因が神経系外の組織における生理的な欠乏のみに起因すると想定することはもはや適切ではないし、同様に動機づけられた行動がすべて完了行動を目指しているとの想定も、生理的な欠乏の解消が道具的学習の必要条件だという想定も、適切ではない。その代わりに見えてきたのは、より複雑な像である。そこでは、生化学的な要因や神経中枢が中心に据えられており、完了的な結末のない神経系に起因する動機は正当なものとして完全に認められている。それでは、このような考え方の変化によって、探索、活動、操作を動因として認めるための障壁は取り除かれたのだろうか。

これは単に用語の問題だという者もいるかも知れないが、私は概念上の方略として次のことを提唱する。これら3つの新たな「動因」は相互に共通性が多くあり、それらを「コンピテンス」という共通の概念の下に置くことは有用である。「動因」の定義は以前よりも緩やかになり、概念も広くなったが、それでもこの3つの特徴は飢え、渇きや性とは決定的に異なる。飢えや渇きにおいては、組織における生理的欠乏、生化学的要因、そして完了反応が重要であることに変わりはない。成熟した動物の性動因はホルモンの分泌量に大きく依拠しており、完了行動に向かう強い指向性を持つ。探索行動は、他の動因に基づく行動といくつか共通の特徴があるにせよ、上記の特徴は共有していない。探索、活動、操作などの内発的（intrinsic）な特徴を強調するためにも、余計な付加的意味によってぼやかされずに特有な現象として検討されるためにも、コンピテンスを駆り立てる傾向は、本書では「動因（drive）」ではなく、単に「動機づけ（motivation）」と呼ぶことにする。

2　精神分析的自我心理学における動向

ここで、動物実験室から精神分析の面接室に話題を転換する。読者は唐突な方向性転換だと感じるかも知れないが、この2つの領域における動向は驚くほど似ている。精神分析における旧来的なモチベーション観は、フロイトの本能論（欲動論）に見ることができる。そもそも、ドイツ語の「Trieb」が直訳されていれば、これも英語では動因 drive として知られるようになっていたかも知れない。

2・1　本能と自我に関するフロイトの理論

生前の最後の著作の中でフロイト（Freud, 1949）は本能が「精神生活にかかる肉体的な要請」であり、「究極的にはすべての活動の原因である」と指摘し、さらに以下のように詳述している。

> 無数の本能を想定することは可能であり、一般論でそれは実際にやられていることである。しかしわれわれにとって重要な問題は、これらの無数の本能が少数の根源的な本能に由来していると考えられないかどうかである。…（中略）…長い間、この考えに対しては迷いやゆらぎがあったが、最終的にわれわれは「エロス」と「破壊本能」という2つの本能だけを想定することにした。（Freud, 1949, p.20）[3]

フロイトが長い間抱いていた疑念やその考えのゆらぎはビブリング（Bibring, 1941）によって明快に指摘されている。１９１４年まで、フロイトは性本能と自我本能に関して二重の分類法を用いていた。事例報告の中で登場する自我本能は、性的欲求を破滅的な結果をもたらすほど抑圧する道徳的な性質を持つものとして描かれているが、反面、彼の理論体系の中では、これらの本能は飢えと同様のモデルで自己保存を目指すものとして想定されている。１９１４年の自己愛概念の提唱によって性本能と自我本能の境界が曖昧になり、そのことをフロイト自身も自覚していたが、彼はそれでも一般的に信じられていた愛と飢えを区別する考え方——すなわちヒトが「繁殖者であり、同時に自らの目的を優先する存在である」という矛盾をはらんだ考え方——と決別することに消極的だった（Freud, 1925b）。その消極性を乗り越えるきっかけとなったのは、特にサディズムやマゾヒズムといった事象であり、最終的には自己保存と種の保存を「エロス」もしくは「生の本能」というひとつの概念の下に統合し、その生物学的な意味での敵役として「破壊性（destructiveness）」[4]もしくは「死の本能」を想定した。これは非常に推論的な展開であり、彼に忠実だった信奉者でさえ受け入れなかった人たちが一部にいたため、それ以前のフロイトの考え方も廃れることはなかった。

同時期に取り組んでいた心的装置（mental apparatus）の考え方の発展を考慮すると、フロイトの論理はわかりやすくなる。ビブリング（Bibring, 1941）は、フロイトが初期から本能と心的装置を明確に区別していたと指摘する。本能は、強力で持続的な内的刺激というかたちのエネルギー源であった。心的装置はそのエネルギーを様々な経路に導き、それが系統だった行動をもたらし、その行動によって維持されていた刺激がやがて止むという仕組みである。このことについて、フロイトは１９１５年に以下のように述べている。

> 神経系は、そこに届く刺激を止める、もしくは励起を可能な限り低い状態まで下げる機能を持った装置であり、同時に、もし可能であれば、まったく刺激のない状態に自らを維持しようとする装置である。…（中略）…神経系の課題は、一般論として、刺激に習熟（master）することである。（Freud, 1925c, p.63）[5]

その後の10年の間に心的装置に関する彼の考え方は大きく発展し、最終的にはよく知られているようにイド、自我、超自我という3分法が考案され、その際、自我の役割がより重視されるようになった。フロイト（Freud, 1927）は自我に「自己保存の役割」があるとし、自己維持は認知、記憶、逃避、防衛、そして適応行動などによって達成されると論じた。この一連の考えの変遷を通して、フロイトは元々想定していた心的装置の〝エンジンと燃料〟という機械のような性質から、より適応的な性質として想定するようになったことが垣間見える。自我本能の考え方がなくなったわけではないが、その重要度は下がり、代わりに自己保存的な傾向は生体システム全体に組み込まれているものとしてとらえられるようになった。このことは非常に重要な意味を持つ――なぜなら、フロイトがこのように考えを変えるにつれて、彼は当初に想定していた緊張低減説を疑問視するようになったためである。フロイトは晩年、「快や不快として体験されるものは、緊張の絶対的な強さではなく、その何かしらの変化によってもたらされている」と考えられると指摘しているのだ（Freud, 1949）。

フロイトは理論をたびたび改訂しているため、どれが〝正統〟な考え方であるか特定しにくいが、基本的には生理的要因に基づいた動因が中心に据えられており、その動因からのエネルギーを受け取る心的装置があり、心的装置が様々な方法でこのエネルギーをコントロールし、偽装し、変換させるものとして想定されていると、ほとんどの精神分析家は同意するだろう。しかし、自我に関するフロイトの理論は完成からほど遠く、特にこれほど重要かつ万能である人格の一部が性愛的・攻撃的なエネルギーのみによって発達するものだという考え方に対して異議が唱えられるようになるまで、さほど時間はかからなかった。

2・2　習熟（master）することの本能

ヘンドリック（Hendrick, 1942）は、この問題を解決する方法として、重要な本能をひとつ新たに追加することを提唱した。彼の主張は、「環境に対して習熟する能力」およびその能力を使用する欲求は〝習熟本能〟として概念化することができ、それは「行動を実行し、実行する方法を学ぼうとする生得的な動因である」というものであった。この本能が目指すところは「その知覚的な価値にかかわらず、行動をうまく遂行したことによる満足感を得ること」だとされた。この本能が端的に現れる例としては、たとえば吸うこと、操作すること、歩くこと、話すこと、理解すること、そして推論することなどを学習することである。これらの機能が、他の機能とともに徐々に自我として統合される。ヘンドリックはまた、「中枢神経系は、単に機能を司っているだけではない」と主張している。乳児は、生まれた直後から自分が使える機能を使い、熟達させようと欲しているように見受けられるし、成人も、そのことによって他の何らかの本能が満たされるか否かに関係なく、何らかの機能を効果的に遂行することで満足感を得る。

ヘンドリックが上記の論考およびそれを補足する2つの論文（1943a, 1943b）で新たな本能を提唱した手続きは、動物心理学者たちが探索を新たな動因に加えるべきだと主張した際の議論と非常に似ている。習熟本能には、自我機能をはたらかせて発達させるという目的があり、快楽原則に従うものである――すなわち、効果的な行動を通して「個人が環境をコントロールや変化させることを可能にするとき」に、「一次的快楽」がもたらされる。この限りにおいては、フロイトが想定した本能と相似している。ところが、〝探索動因〟が〝動因〟という概念を根本的に変えてしまったのと同様に、〝習熟本能〟も精神分析における〝本能〟の概念を劇的に変質させるものとなってしまった。フロイトの提唱した本能概念は自我装置の外にある生理学的な要因に依拠しているものだと想定されているのに、習熟本能はその条件を満たしていないと指摘する批判がすぐに出された。また、習熟本能には性感帯やオルガズムに相当するものはなく、苦痛を伴う緊張とそれに続く快楽的な解放もなかった。よって、習熟は〝本能〟ではあり得ないというのが、批判する者たちの共通見解であった。

ヘンドリックの提案を批判したフェニケル（Fenichel, 1945）が、奇しくも動物心理学の流れで見られたのと同様に、習熟行動を不安低減で説明しようとしたことは興味深い。フェニケルは、「習熟はすべての生命体が持つ一般的な目的だが、それは特定の本能によるものではない」と論じた。〝自らの能力を発揮することによる喜び〟が存在することに同意しながらも、その快楽は単にものごとができないことの不安が取り除かれることによって生じるのだと考え、それを機能的快楽（functional pleasure）と呼んだ。「機能的快楽とは、特定の機能を不安なく遂行することが可能になることで生じる快楽である」と説明されており、その行動が特定の状況で遂行することに対する不安がなく、自信を持って遂行できるようになると、行動することによる機能的快楽は生じなくなるとされた。本書では、不安によってこのような快楽が生じることには合意するが、自我機能における快楽がすべて不安を源にしているのだとしてしまうと、探索行動について検討してきたのと同様の矛盾が生じる。これまで論じてきたように、私たちが自分たちの能力を発揮し、環境を探索するのは単に環境に対する不安を低減させるためだという想定は、生物学的に考えて可能性が低いといわざるを得ない。

2・3　自我に関するハルトマンの考え方

正統な精神分析モデルに対するヘンドリックよりはいくぶん穏健な改定が、ハルトマン（Hartmann）によって提唱されている。１９３９年以降、クリス（Kris）やレーベンシュタイン（Loewenstein）などと共著で発表してきた一連の論文で、ハルトマンは自我および本能に関するフロイトの理論を精緻化・展開させてきた。自我は人格の下位構造（substructure）だとされているが、実際的に考えると自我はその機能によってとらえられるため、構造という形容はやや比喩的だと指摘できる。ハルトマンにとって自我機能は、たとえば手でつかむこと、這うこと、歩くこと、認知、記憶、言語、思考、意図など、ヘンドリックが指摘した範囲とほとんど重複するが、ヘンドリックと違ってハルトマンは、これらの発達が本能と関連しているとは考えなかった。それよりはむしろ、これらの現象がフロイトの主張するように本能的な欲求とそれにそぐわない現実の間の葛藤だけでは説明できないとの結論に、ハルトマンは早い段階で達している（Hartmann, 1950）。本能だけでは決して生存は保証されず、「想定される平均的な環境条件」のもとで生き延びるためには、本能が内的な自我装置による仲介を受けなければならないとの主張である。その考え方に基づき、彼は自我発達における自律的な要因の存在、すなわち自我機能が独立して成熟する〝葛藤外の自我領域〟を提唱した。移動運動等の機能は、エロスやアグレッションを備給するため、もしくは不安を回避するための葛藤がなくても、成熟や学習を通して発達するのである。アンナ・フロイト（Anna Freud, 1952）も指摘しているように、乳児が歩行を始めてから数週間で歩行という行為は本能的な欲動からは独立し、その後は、葛藤している状況であろうとしていない状況であろうと、歩行は子どもにとって有用な行為であり続ける。

自我が自律的な発達を遂げるというハルトマンの考え方は、よく知られているように児童心理学の研究者によってそれ以前から指摘されていたが、無意識の動機づけに関するフロイトの理論と結びつけたのは重要なステップであった。今となっては自らの理論に対する過信と見ることもできるが、フロイト（Freud, 1925a）は本能的欲求の葛藤への直接的な対処として快楽原則を脱却し、代わりに現実原則を用いるようになるという発達過程の説明を試みた。しかし、現実原則という考え方は後の欲求充足のために即時的な欲求充足を遅延する考え方を包含しており、ハルトマン（Hartmann, 1956）が正しく指摘しているように、遅延や期待をする能力は、単に葛藤を生じさせる現実と充足されない欲求が存在することだけで魔法のように現れるわけではない。葛藤は確かに重要な役割を果たすものだが、葛藤がその重要な教育的な役割を果たせるようになるためには、葛藤が生じた時点で対処する能力が備わっていなければならず、かつ、〝現実と対処する準備性〟もある程度は必要である。この例からは、ハルトマンの分析によって精神分析理論の内外の発達理論の間で有益な意見交換が可能になるということが明らかである。

適応を重視するハルトマンの立場からは、フロイトの系統だった理論では決して想定しえなかった、自我の自律的な側面をとらえることが可能となる。ハルトマンの考え方では、たとえば当初は本能に対する防衛として生じた目標や興味は後に葛藤外領域の活動の一部になり（すなわち、その活動自体が興味の対象になり）、「二次的自律性（secondary autonomy）」に達することがある（Hartmann, 1950）という考え方が許容される。この考え方はオルポート（Allport, 1937）が提唱した動機の機能的自律性（functional autonomy of motives）の概念と非常に近い。ハルトマンはまた、葛藤外領域で発達する適応的なスキルが葛藤への対処で決定的な影響を及ぼす可能性についても言及している。これらのスキルは、子どもの能力と親からの反応によって時間経過の中で形成される。マンロー（Munroe, 1955）が指摘するように、これらのスキルは「意識的・半意識的な心理学的自己の発達で非常に重要な役割を果たす」。すなわち、子どもが葛藤に直面したときに、対処した結果の成否にもこれらのスキルは影響を及ぼすと考えられよう。ラパポート（Rapaport, 1958）は、ハルトマンのこのような考え方が健常な発達だけでなく、精神病理の理解にも不可欠だと指摘している。

　自我の自律的な成長について説明する際、ハルトマンはより成熟を重視する立場を取っているが、当然、学習の役割を否定しているわけではない。ハルトマン（Hartmann, 1950）では自我機能が本能とは独立したエネルギー源から備給を受けており、それを使うこと自体によって快楽がもたらされる可能性について触れられている。これはフロイトも時々指摘していたことである（Freud, 1916, 1949）。しかし、ハルトマンはこの考え方を本格的に理論に組み込むことはせず、その代わり、フロイト理論のより中核的な概念である欲動の中和化による説明に傾倒した。フロイト（Freud, 1927）は、「それ自体は中性的であるものの、性的な衝動とも破壊的な衝動とも合従連衡することが可能であり、その備給の総量を補足することができる置き換え可能なエネルギーを想定しなければ…（中略）…自我の多様な活動を説明する理論を進歩させる術がない[6]」と述べている。このとき彼は、この中性的なエネルギーがエロスから発生して脱性化されたものではないかと推論している。ハルトマンとクリス、レーベンシュタイン（Hartmann, Kris, & Loewenstein, 1949）はその理論へさらに合理的な進歩をさせ、攻撃的な本能も中和化されて自我によって使われるようになると提唱した。中和化されたエネルギーは自我の発達を促進し、環境における対象に対する性的・攻撃的な欲求とは無関係にそれらの対象へ持続的に関心を向けることを可能にする。この考え方は、昇華（sublimation）に関連して生じている概念的な混乱の解決に有用だと、ハルトマン（Hartmann, 1955）は指摘している。

　中和化された本能エネルギーについての学説は一見奇異であり、その背景にあると思われる複雑な臨床的知見を念頭に置きながら理解すべきである。フロイトが日常の〝中性的〟な活動の中に潜む性的衝動や攻撃的ファンタジーおよびそれに対する巧妙な防衛を見出すことの天才であったことは疑う余地がない。実際、発達の過程において個人の関心が驚くような変貌を遂げることもある。たとえば、男児の幼少期における父親との性的なライバル関係と攻撃的な競争が後に家業を受け継いで成功させようという強い関心の陰に隠れたものの、成功に達する直前になり、潜伏していた本能的な目標も象徴的に達成されそうになってしまった[7]ために強い不安が生じ、急に家業へ関心が一切向かなくなるというケースもあろう。このようなケースで見られるような潜伏していた本能的欲求の再燃が起きることは、日常的な仕事上の目標が本能的な欲求充足とは一見無関係のように思えても、あらゆる行動がいつでも本能的な欲動に駆り立てられているという考え方を後押しした。

　フロイトが中和化された本能エネルギーについての理論を形成した手続きが、正統派行動主義の研究者たちの一次的動因についての考え方の変遷と似ていることは特筆すべきだろう。行動主義でも、当初はすべての行動が限られた数の生理的動因によって駆動されていると想定し、その後、この想定を守るために、一次的動因と明白なつながりが見えない行動については二次的強化などといった新たな仮説を提出した。「理論を進歩させる術がない」と述べた時点で、フロイトは性的でも攻撃的でもない中性的なエネルギーが生得的に備わっていることを想定する意志があれば十分に理論を進歩させられたと思われるが、結局のところは元々想定していた一次的本能が2つあるという考え方を守るために、それ以外のエネルギーもこの2つの本能から出たものが変換されたものだと解釈する考え方を採択した。それでも、フロイトが生の本能について主張していることを文字通りに受け取ると、中和化されたエネルギーについての考え方は過剰に思える。フロイト（Freud, 1949）は、エロスが性的な目標以外のものを包含していることを明言している――そのより大きな目標は「より大きな統合体を構築し、それを維持すること、すなわち、結び合わせることである」とのことである。この定式の下であれば、自我の統合的な機能を直接的に作り上げるようなエネルギーを想定することも可能だったように思われる。しかし、フロイトは自らのエロス理論のその可能性を追求せず、単に中立的なエネルギーは脱性化されたものとして扱われるべきだと述べるにとどまった。

　中和化の概念は、いくつかの側面において精神分析的自我心理学に良い影響をもたらしている。これまで検討してきたハルトマンの論考や、その他にもラパポート（Rapaport, 1951, 1954）でも見られるように、自律的な自我機能や、その機能の人格における役割について新たな視点をもたらしているためだ。しかし、それでもコルビー（Colby, 1955）が「メタ心理学的な混乱につながりかねない」と述べているように、この概念化には違和感を指摘せざるを得ない。この理論によれば、本能的エネルギーはその目標を完全に変えることができるとのことだが、そうであれば、そもそもなぜそれを目標のあるものとして定義したのかという疑問を禁じ得ない。エネルギーが特定の構造だけとより密接な関係を持つことが想定されるようになっている動物心理学における最新の流れとも反する。エネルギーが変換されて中和化されたと考えるよりは、それがそもそも生物の適応能力として備わっていると考えた方が、単純明快で説得力があると私には思える。このことは、コンピテンス概念の動機づけ的な側面についての説明とともに後述するが、その前に、この考え方を支持する動向として精神分析におけるもうひとつの流れについて検討する。

2・4　運動性（Motility）と勤勉性の感覚（Sense of Industry）

古典的な本能論から離脱する傾向は、「効果的な自我の発達（development of the effective ego）」について論じたカーディナー（Kardiner, 1947）の著述の中でも見て取ることができる。カーディナーのこの考え方は、戦争によるトラウマ的神経症の治療経験から導き出されたものである。これらの神経症で最も脅かされるのは自己保存である。その中でも、防衛的儀式や麻痺といった主要な症状は、通常は適応的な行動をもたらす行動系（action systems）から発生している。よって、行動系の成長過程——環境との「統制的な接触（controlled contact）」や「外界にある対象の統制的な利用」を維持できるほどまでにどのように統合されていくのか、またこのようにして獲得された統合状態に資する条件や困難にする状況をどのように理解していくのか —— を研究することが重要だということになる。このような論理を通して、カーディナーはフロイトとほぼ正反対の結論に達した —— すなわち、より統合された行動と、自己と外界の区別をもたらすのは、葛藤ではなく、成功体験や充足された体験だということである。葛藤は、自我発達の初期においては望ましくない分裂や抑制を主にもたらす。逆に、子どもは自分が遂行した動作とそれに伴う感覚およびその結果として生じた感覚の関連を発見したときに、欲求が充足される。そして、行動の遂行に成功したときにはさらに充足され、このことによって「自我の意志に器官を従わせる誇らしい感情を生じさせる」とされる。このような体験を積み重ねることで「その後のすべての目的的な行動および協応的な活動の中核・参照枠となる確信的な自己意識もしくは身体意識が形成される」。要約すると、自我の成長は、行動系および行動によってもたらされる結果に大きく依拠しているということである。このような発達過程とその変遷はリビドー発達段階の副作用として理解することは不可能であり、それ自体が研究対象となるべきである。

ミッテルマン（Mittelman, 1954）は運動性についての論文で、同様のテーマでより急進的な結論に達している。ミッテルマンは、姿勢、移動運動、操作などとして現れる運動性が口唇的、排泄、性器的なものと同列の「独自の衝動（urge）である」とみなしている。生後10ヶ月頃からは明らかに「駆り立てられているような性質」があり、妨害されると不安や怒りが生じる。生まれた後の2年目と3

年目はこの運動性衝動が「他の衝動よりも優位である」ため、「この時期を自我発達およびリビドー発達の運動性の段階とみなすべきである」というのが彼の主張である。実際、この時期の子どもは歩く練習、そしてその後はうまく歩く練習に大変な注力をするし、それが達成されると喜びに満ちた笑いを見せることもある。運動性に対する制限は、親が不安である場合や子どもの自己主張に困惑したときなどに起きるが、そのことによって後々の親子関係に傷が残ってしまう可能性がある。また、「自己主張および自尊心の進化は運動性の発達と密接に関連している」ため、運動や操作における不器用さは自己嫌悪や依存につながる可能性がある。運動性は、自我の最も特徴的な機能の多くにおいて重要な役割を果たす。乳児が自己と外界を区別できるようになるのも一部運動性によるものであるし、子どもの対象についての知識量は、いかに操作や探索を多くしたかに依拠している。「よって、運動性は現実検討の最も重要な側面のひとつとなる」。運動性はあらゆる認知的行動にも関係しているため、「最も優位な統合機能」だとみなすこともできる。要約すると、ミッテルマンは運動性発達が独自の衝動に基づいており、その衝動が自我発達に不可欠な要因だと想定しているのである。

　カーディナーと同様、ミッテルマンは運動性衝動の性質を詳しく想定しようとしなかった。運動性衝動は本能ではなく、「不完全な本能のようなもの」だとされているので、位置づけとしてはヘンドリックの習熟本能と、ハルトマンの曖昧な自我の独立したエネルギーの間だということになるだろう。このようなどっちつかずの概念提起は厳格な理論家にとっては物足りないかも知れないが、ミッテルマンが自我発達における運動性の役割を理論化したことは重要な貢献である。この領域でより影響力があるのは、自我発達の詳細な発達過程を提唱したエリクソン（Erikson, 1953）である。エリクソンはできる限りリビドーの理論に添って発達を説明しようとしているが、潜伏期とその後のいくつかの危機においては、その範疇を逸脱している。生後2年目の子どもが「自らの自律的な意志を持ちはじめる」ことには、旧来想定されていた本能以外の何かがはたらいていることは明らかである。「男根的」な子どもの拡大し続ける想像力と主体性も、その何かによってもたらされていると考えられる。また学童期に、子どもが運動課題、操作課題、知的課題に本気で立ち向かい、「ものを作り上げることができるという感覚、そしてそれをうまくもしくは完璧に作り上げられるという感覚を得ることが必要である。その感覚は〝勤勉性の感覚〟と呼ぶ」とエリクソンが提唱した現象にも、確実に他の何かが関係している。エリクソン（Erikson, 1952）の遊びについての論考も、生物や非生物との対処を学ぶことが児童期に重要な活動であるという考えから影響を受けている――エリクソン曰く、「子どもは遊びながら真の習熟の新しい段階に進むことができるようになる」。行動系、運動性、そして勤勉性の感覚の考え方は、いずれも本能論という古い容器にはおさまらない行動に焦点を当てたものである。

　精神分析的自我心理学におけるこれらの動向を振り返ると、それが動物心理学における動向と驚くほど似ていることに感心せずにはいられない。よく知られているライク（Reik）の比喩を借りれば、両耳を使って聞く人たちと、３つめの耳を使って聞く人たち[8]が同じ音を聞いていたかのようである。どちらの専門領域でも、旧来からある正統的な動因理論に対する不満が高まっている。どちらの領域でも、正統的な動因理論では無視あるいは軽視されている種類の行動へ注目が集まっている。注目されている行動の種類は、探索、活動、操作、そして習熟などと内容が似ている。これらの行動を説明するために似たような理論改定、（a）一次的な動因もしくは本能から派生もしくは変換されているとするもの（すなわち、二次的強化、本能エネルギーの中和化）、（b）不安を低減させたいとの欲求に駆られているとするもの、（c）新たな一次的動因の提唱が必要だとするもの（すなわち、探索動因、習熟本能）が提唱されている。これらの説明が十分でないとき、残される道は新たな動機づけについての考え方を見出すことしかない。カーディナーは敢えてエネルギーの源の問題については未解決のままにしたが、エリクソンの勤勉性の感覚とミッテルマンの運動性衝動についての考え方は、どちらも一次的動因や本能との類似度はとても低い。このような混乱は、間もなく後述するコンピテンス概念によって大幅に解決できると思われる。

3　心理学全般において関連する動向

もし心理学の他の領域の動向を整理したとするならば、そこでも同様の流れがあることを簡単に見出すことができるだろう。たとえば人格心理学においては、抑圧や置き換え等の過程も含めてフロイトの精神分析理論の強化理論への転用を試みたダラードとミラー（Dollard & Miller, 1950）のような理論家が旧来的な動因論に似た理論を提出している。恐怖が獲得された動因だとして研究を進め、自我発達を背景にある主たる動機が不安低減だと主張したマウラー（Mowrer, 1950）も、その中に含めることができるだろう。一方、旧来の動因説に長らく不満を述べてきたのはオルポート（Allport, 1937, 1946）である。彼は幼少期から根付いた一次的動因から機能的に自律的な動機の存在を主張しているだけでなく、強化理論の土台である効果の法則（law of effect）に対しても重大な疑問を投げかけている。マレー（Murray, 1938）があげた欲求の詳細のリストも、正統派の動因説にとっては不都合なものである――特に、「達成」や「工作」といった欲求は、無理な論理を展開しなければ一次的動因と結びつけることは不可能である。さらに、マレーとクラックホーン（Murray & Kluckhohn, 1953）は、かつてビューラー（Bühler, 1924）が提唱し、最近になってフレンチ（French, 1952）がいくらか発展させた機能快（Funktionslust）の概念を復活させ、活動すること自体が快感を生みだす場合があると論じている。彼らはまた、「大半の時間、乳児の心は危急的な動物的欲求の道具としてはたらいているのではなく、幼児を満足させることに注力する」と、内発的な精神的欲求があると主張している。マーフィー（Murphy, 1947）は、すべての体組織において緊張が生じうるものであり、したがって動因の発生源にもなるのだとの立場を取っており、生理的動因の他に独立した２つの動因、活動動因と感覚動因を提唱している。

一方、ゴールドスタイン（Goldstein, 1939）のように、独立した動因や特定の部分的な動因による専制的な支配を否定するホリスティックな哲学に則ってこの問題に取り組んでいる研究者もいる。ゴールドスタイン（1940）は自己実現（self-actualization）に向かう単一の根源的動機（master motive）を想定している。いわゆる生理的動因はそれから分離しているのではなく、その根源的動機の一部に過ぎない。根源的動機は完成を求める傾向（urge towards perfection）として現れることもあり、これにはたとえば未完成のものを完成させようとしたり、歩行移動などといった課題により熟達しようとしたりするなど、未完成のものを完成させようとする現象が広く含まれる。正統派動因論に対して常に懐疑的だったアドラーが晩年に完成を求める傾向と非常に似た考え方に達していたとアンスバッハーとアンスバッハー（Ansbacher & Ansbacher, 1956）は指摘している。マズロー（Maslow, 1954, 1955）もこの異端の仲間である。彼は、生理的動因説で示唆される欠乏動機づけだけでなく、成長動機づけも考慮すべきだと主張している。彼はまた、より「高次」の欲求が生じて行動に影響するためには、まずはより「低次」の動機が満たされなければならないという、動機が階層的になっているとの貴重な考え方を提出している。

動物心理学と精神分析的自我心理学に見られる傾向が現代の心理学思想の中で広く普及していることを示すには、これらの名前をあげれば十分であろう。児童発達、認知心理学、そして他の領域でも同様の論争や問題が指摘できる。しかし、本書の主題を進めるにあたっては、これからコンピテンスと直接関連する特定の展開だけを選択的にあげていく。

3・1　興奮と新奇性の欲求

人間の経験する世界を見渡すと、過剰な緊張を緩和することの重要さを示す例が数多く存在する。

戦争や戦闘でのストレスに晒されている人、苦痛や極度の困窮状態にある人、過剰な労働量を負っている人、混乱している場での社会的交渉をしなければならない状況にある人のどの行動を見ても、まるで彼らの神経系がまったく刺激のない状態――これはかつてフロイトが究極の至福の状態だと指摘したものである――を求めているかのようである。しかし、同じ人たちにその無刺激な〝極楽〟を与えた場合、すぐに辛いと感じて何か刺激を求めるようになるであろう。人間の経験する世界を見渡すと、退屈な状態も、対処することが必要な悪しき状態であることは明らかである。推理小説の読書、素潜りでのダイビング、スピードを出しての自動車の運転などは、私たちが刺激や興奮の水準を高めたいとの欲求を持っていることの現れであることを、特にヘッブ（Hebb, 1949）はたびたび指摘している。人間、動物のどちらも自分の環境への影響を大きくしようとしているように見えることがあるし、時によっては軽度の葛藤や恐怖を味わおうとしているのではないかとさえ思えることもある。このことについてヘッブとトンプソン（Hebb & Thompson, 1954）は以下のように考察している。

> もちろん、人間でのこのような現象はよく知られている――たとえば、危険なスポーツやジェットコースターはわざと恐怖を経験するための営みであるし、ゴルフや、トランプのブリッジやソリテアといった趣味は、解決すべき問題の難易度がほどよく、葛藤水準も最適であることこそが存在意義だといえる。繰り返すが、恐怖や葛藤に対する同様の態度が動物で見出されているということは、人間がスノーシュー

> ズよりもスキーを好むこと、研究者が何の恥じらいもなく自分の仕事（課題解決や葛藤も含む）を愛している様子が見受けられること、また何歳になっても仕事を引退しようとしないビジネスマン[9]がいることなどが、より根源的な現象であると想定する根拠がより固くなる。人間がこのような行動をする場合、それが名声を求めているためだと説明されることがあるが、動物のデータに対しては、そのような説明は当てはまらない。それよりは、問題を解決することや低いリスクを敢えて負うような行動自体が本質的にやりがいがあるので、動物はいつでも最適な水準の興奮を得ようとして行動するのだという考え方の方が説得力がある。（Hebb & Thompson, 1954, p.551）

最適刺激水準（optimal stimulation）の概念は、リューバ（Leuba, 1955）が学習理論におけるいくつかの問題の解決に役立つとして提唱している。リューバは、動機づけに関する理論化のほとんどが「強力な生物学的、もしくは神経的な動因」に基づいてきたと指摘した上で、保育園、公園など子どもの遊び場、そして学校などの一般的により多く見られる学習場面に注目すべきだと主張する。これらの場面では、「刺激を増させ、興奮をもたらすような行動が強力に強化される（それは時に親や教師の意に反することにもなるが）」。この説によれば、最適な刺激水準があり、それは時によって変動することもあるが、その最適刺激水準に近づける方向で学習が起きるのだという。すなわち、刺激が強すぎる場合は弱める方向に、弱すぎる場合は強める方向にという具合である。マクレイノルズ

（McReynolds, 1956）も、より限定的な概念ではあるが、知覚化度（rate of perceptualization）という似た考え方を提案している。単調な状況は知覚化度が低すぎるため、退屈さが生じ、過剰な刺激は知覚化度が高すぎるため、統制が困難な興奮がもたらされる。一方で、最適な知覚度は快い体験をもたらす。この考え方は、感覚遮断についての最近の研究（Lilly, 1956; Hebb, 1958）によって十分な裏づけを得ている。

近年の論文でヤング（Young, 1949, 1955）は感情過程が「一次的な動機づけの一種を形成する」との快楽説的な動機づけ理論を提唱している。ヤングの説では、「有機体は、肯定的な情緒（喜び、楽しみ）の生起を最大化させ、否定的な情緒（苦痛）の生起を最小化させるように行動する」とされる。マクレランド（McClelland, 1953）の快楽説的な理論は、新奇性の重要性を理解することに役立つ。それによれば、特定の刺激パターンが既存の適応水準からずれを生じさせる場合に情緒が生起する。ずれが小さければ快情緒とともに接近する傾向が生じ、ずれが大きいと不快情緒とともに回避する傾向が生じる。遊びに興じる子どもは、若いチンパンジーや探索するマウスと同様に、興味を維持するためには――その時点で到達している適応水準からの快適なずれを維持するためともいえるが――刺激野へ頻繁に新奇な刺激が必要である。ヘッブ（Hebb, 1949）の学習と神経系の関連についての説も新奇性を扱っているが、上記2つとはやや異なる視点を提供している。この説では、興味が維持されることはすなわち神経系における「位相連鎖（phase sequences）」が比較的複雑であり、新たな内的関連が確立され続けているという意味において成長している状態を指す。このような状態は、刺激野に同一性の中の差異（difference-in-sameness）、つまり多くの刺激は馴染みがあるものの、一部が新奇である状況によってもたらされる。刺激野がすべて馴染みのある状態であれば、位相連鎖は短絡回路化（short circuit）して早く終わってしまい、よって興味も維持されない。私たちは推理小説を一度読むことを好むが、再読してももはや楽しめないのと同じである。このように熟知・習慣化された過程を楽しめないことは誰もが知っているが、ヘッブの理論は、そのことを仮説として定式化するものである。どうやら、興味を持つには「まだこれから知り得るもの」「まだこれから学びうること」のような、不慣れもしくは未知な要素が必要なようである。

以上にあげてきた知見は、細部においては異なるものの、根幹のテーマは一貫しており、これらに鑑みると動機づけ全般について再考せざるを得ないように思える。退屈さ、単調な刺激を不快に感じること、新奇性に魅力を感じること、行動を繰り返し反復するよりは変化を加えることを好む傾向、刺激や軽度の興奮を求める傾向のどれも人間が当たり前に経験することであり、動物行動でも同様のものが観察されている。私たちは、一日の終わりには休息と刺激の少なさを求めるかも知れないが、翌朝に同じものを求めるかといえば、違う。一次的欲求が充足され、ホメオスタシスが維持されている状態であっても、有機体は生き生きと活動するものである。

3・2 環境への対処

情緒、興奮、および新奇性の視点だけから検討すると、行動についてのもうひとつの重要や側面を見落としてしまいやすい。その側面とは、行動が環境に与える効果である。これについて、ダイヤモンド（Diamond, 1939）は感覚神経系の動機づけ的な特性について考察を加えている。彼の考え方では、感覚神経系は高等動物が「環境との関係を維持する」装置だとされ、それはまるで「刺激を与えてくれるよう環境に強要」しているかのような性質を持つという。確かに、乳児の目や手を使った探索を考えると、決して刺激を低減させる方向で行動していないことは明らかである。動く物体を目が追うとき、また、触った物体を握ったとき、その行動によってもたらされる結果は刺激を維持し、かつその効果を増すことである。より複雑な探索行動においては、一連の行為が目指す結果は、感覚器に対する刺激のはたらきかけ方によって変わるだろう。探索行動によってもたらされるのは、まさにヘッブの説で興味を維持するために必要とされることである――子どもは探索し、操作することによって、刺激野における同一性の中の差異を自ら作り出しているのである。

シャーロット・ビューラー（Charlotte Bühler, 1954）は、フロイトの現実原則に対する批判的な論考において、新生児の反応の敏感さや適応力の高さを根拠に、環境に対する肯定的な関心の役割について説得力のある主張をしている。この問題については、シャハテル（Schachtel, 1954）が焦点的注意（focal attention）についての論文でより詳細に論じている。焦点的注意の特徴は、特定の対象に向けられるものであり、「精神が（対象を）能動的に把握することを狙って」多様な方略を持続的に使い、一方で刺激野における他の刺激は閉め出す。焦点的注意の特徴は、生後間もない乳児でも見られる――たとえば、動いている物体を目で追おうとすることもまさにその試みであるし、月齢が進むにつれて乳児のやることは、対象が自分や他の対象とどのように関係しているのかを探ろうとしていることがより明確になってくる。このような行動は、「対象への興味を持つ比較的自律的な能力」を示すものである。シャハテルは、この興味は主要な欲求が停止しているときにこそ発動するのだと主張する。欲求や不安によるプレッシャーが高い状態のときは探索的な遊びを阻害するものであり、研究者であれば誰もが実感を持っているように、そのような状態の下では環境を客観的に把握しにくい。対象を、私たちがよくしがちであるように自分の持っている願望や恐れによって歪めてしまうのではなく、ありのままの姿でとらえるためには、プレッシャーの低い状態が必要なのである。シャハテルは、「欲求充足のみが対象認知や対象志向的思考をもたらすことは考えにくい」とも述べている。すなわち、環境に対して関心を持つ自律的な能力は、種の生存には有用なのである。

　環境に対して関心を持つということは、環境と相互作用することが何らかの満足感をもたらすことを示唆する。何人かの研究者は、環境に効果を与えたり、対処したり、変化させたりすることによって満足感が生じる可能性を指摘している。今や古典と位置づけられるグロース（Groos, 1901）の遊びについての秀逸な分析では、子どもがものを叩いて音を立てるときや「物体をいそいそと動かし回ること」、またそれ自体が大きな効果を得ることのできる水たまりで遊ぶ様子などから、子どもにとって「原因であることに喜びを感じること」が重要なことだと指摘した。グロース曰く、「私たちはどのようにしたら効果が得られるのかを知りたいし、私たち自身が効果の生産者でありたいのだ」。ピアジェ（Piaget, 1952）も、子どもは自らが動きを生じさせた物体に特別な関心を持つことに言及している。行動のこのような「道具的」な側面は、「行動は、結果を発生させようとして環境を操作するものである」というスキナー（Skinner, 1953）の主張の核心でもある。これらの結果は感覚器を通してフィードバックされ、生理的な欲求が充足されない場合でも行動を強化する役割を果たしているのだと考えることができる。たとえば、レバーを押したときにクリック音やブザー音が鳴るとラットがレバーを押す頻度が高まるし、赤ちゃんも、いじっている物体がガラガラやチリンチリンと鳴ったりキラキラと光ったりすると探索行動を続ける。ウェルカーの若いチンパンジーの実験でも、最も長く関心を持たれ続けた物体は、点灯したり、音を発したりするものであった。スキナーは、「これらの強化の効果が、過去の（生理的欲求に基づいた）条件づけに基づいていると考えることは難しい、もしくは不可能だ」と述べた上で、「環境からのフィードバックによって強化される能力は、欠乏状態が生じる前に環境を操作することの準備性を高めるので、生物学的に有利だと合理的に考えることができるだろう」と論じている。

3・3　ウッドワースの行動優先理論

このような行動の側面を動機づけ理論で説明しようとする最も野心的な試みが、ウッドワースの近著 *Dynamics of Behavior*（Woodworth, 1958）でなされている。ウッドワースの出発点は、「誘因や報酬は、ホメオスタシスと関連しているのではなく、あくまでも行動のみと関連している」と述べているように、人間の行動の多くが、生理的な欲求に直接資することなく、それよりはむしろ環境に対して何らかの影響を及ぼそうとしているように見えるという発想である。これは、まさに環境に対して向けられる探索行動において特に顕著である。

> ［探索行動の］長期的なメリット、すなわち、遊ぶことを通して後々に対処しなければならなくなる周囲の世界について習熟することによって厳しい人生に備えることは、小さな子どもの将来展望にあるはずがない。子どもの目標は、たとえばいろんな物体をより近くで見たり、障害物の後にある物体を見ようとしたり、物体が床に落下したときの音を聞いたり、物体や他者の名前を教えてもらったりするなど、より限定的で直接的なものばかりである（Woodworth, 1958, p.78）。

積み木でものを作るなどのより複雑な遊びにおいても同様の外向的な傾向が見られるし、さらに、物体でできることとできないことについて学べることがよりわかりやすいだろう。社会的遊びでも同じことがいえる。遊び仲間は通常、愛情を提供するわけではないし、生理的な欲求を満たしてくれるわけでもない。それよりは、「環境に対して興味深いことをする機会を提供する」のである。

ウッドワースは、動機づけ理論は欲求優先理論（need-primacy theories）と行動優先理論（behavior-primacy theories）に区別できると論じている。後者は、「すべての行動は、環境に対応することを最優先に志向する」ような理論だとされる。ここで留意すべきは「環境に対応する」ということは、単に刺激を受けてそれに反応するというだけのことではないということである。刺激は空間に存在する対象物の指標であり、反応はこれらの対象物に対して何らかの効果を及ぼすように工夫されなければならないものである。記憶や観念的思考などのいわゆる「精神的」な能力も、環境に対応するための高次な方法である。ウッドワースは、「受容的活動（receptive activity）と運動活動（motor activity）が環境に対して向かうこの方向性は人間および動物の行動の根本的な傾向であり、それこそが行動の根幹にある普遍的な動機づけだと私たちは主張しているのである」と述べているように、それが動機づけにおいて最も基本的な要因だと論じている。生理的な動因が行動につながるためには、絶え間なく続く活動の流れに割って入り、その活動の流れを別の方向に向けなければならない。さらに、個体が周囲の環境に対して効果的な行動を取れなければ、動因の目的を果たすことはできない。すなわち、環境と対応するということは、いかなるときでも動機づけの一次的な特徴なのである。

動機づけ研究者の一部には、従来は二次的なものとされてきたものを一次的だと主張し、かつ従来の一次的動機を下位に位置づけたウッドワースに対して違和感をおぼえる者もいるかも知れない。しかし、ウッドワースの理論は、ゴールドスタインの自己実現の概念と同様、一次的動因の格下げを狙っているのだと理解すべきではないだろう。それよりは、生命体は起きている時間のほとんどにおいて何かしらの活動をするものだが、その活動全体における動機づけの位置づけをウッドワースは指摘しているととらえるべきである。これまで見てきたように、心理学では幅広い多くの領域で従来の動因論に対する離反が現れているが、環境への対応を重視するウッドワースの理論は、これらの離反の集大成だといえる。本書でこれから詳述するコンピテンスの概念も、環境への対処を重視する点など、多くの面で類似した考え方である。伝統的な動因理論に反論する流れに乗っている点でも同様であるが、一方で、動物や人間において重要な飢え、性、攻撃性、恐怖などに取って代わったり、それらを格下げしたりするものでもない。

4　満足している子どもの遊びとコンピテンス

これまで展望してきた研究を振り返ると、生理的動因のみに基づいた動機づけ理論によって無視されている、もしくは十分に説明されない行動の種類については、かなりの合意があることがわかる。これらは学習された行動であり、乳児期における吸ったり、つかんだり、視覚的な探索をしたりすることからその後のはいはい、歩行、注意や知覚を集中しなければならないような課題、記憶、言語と思考、予期、新奇な場所や物体の探索、環境における刺激を変化させる効果をもたらすこと、周囲の事物を操作・利用すること、そして運動や認知においてより高度な協応を見せることなどについての言及が繰り返し見られる。このような行動は長年、そのゆっくりとした発達過程の測定を通して、発達が学習に大きく依拠していることを明らかにしてきた児童心理学の領域で扱われてきたものである。

これらの行動は総称して「適応機制」や「自我過程」と呼ばれることもあるが、一般的には、私たちが環境に対処することを学ぶ術となるこれらの多様な行動をひとつの名称でくくるような習慣はない。

ここで、上記で述べた多様な行動――これらの行動はすべて環境との効果的な相互作用に資するものである――を、「コンピテンス」と総称することを提案する。ウェブスター英語辞典によれば、コンピテンスは適性（fitness）や能力（ability）を意味し、同義語としては素質（capability）、達成する能力（capacity）、効率・要領の良さ（efficiency）、熟練（proficiency）、そして技能（skill）などがあげられている。よって、コンピテンスという語は、つかむこと、探索すること、這うこと、歩くこと、注意や認知を集中させること、言語や思考、操作すること、そして周囲に変更を加えることなどを形容する言葉として適切である――これらの活動は、いずれも環境との効果的（effective）な、そして有能（competent）な相互作用を促進するものである。これらの発達には成熟がかかわっていることは事実だが、会話や、技術を要する操作などのより複雑な課題の達成には学習が不可欠である。コンピテンスは動機づけの概念としてとらえるべきだと主張したい。よく知られている「達成されている能力」を意味するコンピテンスだけでなく、コンピテンス動機づけというものも存在する。たとえば、物体をうまくつかみ、扱い、離せるようになるという一連の行動は、エネルギーがあふれ出たことによって生じた偶発的な行動ではなく、指向性があり、選択的であり、持続的である。この行動が続けられるのは一次的動因を満たすためではない――仮にそうであるとするならば、その行動が完璧に遂行できるようになるまで続けなければならないことになる。そうではなく、環境と効果的にかかわりたいという内発的な欲求を満たすために、この行動は持続するのである。

おそらく、これほど多様な行動にひとつの動機づけ概念を提案することは恣意的に思われるであろう。このような幅広い行動の背景を同じ動機づけに帰属させて何が得られるのだろうか。当然、つかんだり歩いたりすることを学習することなどのそれぞれの発達過程にはそれぞれの動機づけ —— ピアジェ（Piaget, 1952）の言葉を借りると「糧（aliment）」—— があると想定することも可能だろう。さらに、それぞれの行動に独自の内生的な動機があると考えることもできる。しかし、そのように考えると、動機づけ概念は冗長なものとなってしまう。逆に、動物心理学の例にならい好奇心、操作、習熟といったより少数の幅広い動機を想定することも可能である。しかし、私はコンピテンス動機づけという概念が、これらの考え方よりも適切であると考えており、同時に、詳細な研究の分析的な傾向ではとらえられなくなっている重要な傾向を表す概念でもあると考えている。

この主張により信憑性を与えるために、ここで早期児童期における遊びの中の探索の例をいくつかあげる。これらの例によって浮かび上がるイメージが、他の概念と関連づけられるようなイメージ —— たとえばパズルを解く空腹の動物や、ろうそくの炎に指を入れる子ども、乳を吸う乳児、トイレットトレーニングを受ける幼児、そして絶望的な三角関係に陥った若きオイディプス王 —— と同様に、概念を浮かび上がらせるものになることを望む。まずは、最も早期の段階における知的発達の現れ方を自らの３人の子どもで研究したピアジェ（Piaget, 1952）をあげたい。これらの例は、生まれてから1年間の、言語や言語的概念が重要になる前のものである。よって、ここで見られるのは、高等生物に見られるのと似ているような実用的な知能だということもできるかも知れない。

ピアジェの子どもたちは才能に恵まれており、早くも生後３ヶ月過ぎから「外的環境にもたらされた結果に集中」するようになり、その行動は「好都合な結果をモノに偶然もたらした動きを再現しようとする」ものだった（Piaget, 1952, p.151）。揺りかごに寝かされたローランは、つり下げられたガラガラから垂れ下がったヒモを引っ張ることでガラガラを揺することを学習した。彼は、視覚と理解力が十分に協応していないにもかかわらず、この結果を発見したということになる。その少し後、生後３ヶ月と10日のときの観察記録には、以下のように記してある。

> 私は、ガラガラにつながれたヒモを、彼が握りやすいように少しほどいて彼の右手に入れた。一瞬、何も起こらなかった。しかし、偶然に手を動かしてガラガラが揺すられると、彼はすぐに反応した――ローランはガラガラを見ると突然動きだし、まるでその抵抗と効果が感じられているかのように、右手を激しく叩くような動作をした。この操作は15分間続き、その間、ローランは大きな声で笑い声を発した。
> （Piaget, 1952, p.162）

その3日後には、以下の行動が観察された。

> ローランは指をしゃぶっているときに、偶然にも手が鎖に当たった。彼はそれをつかみ、ガラガラを見ながらゆっくり動かした。次に、彼はそっと鎖を揺らすと、ガラガラがかすかに動き、その中から小さな音が出た。すると、ローランは明らかにより大きな動きをした。どんどん鎖を激しく動かし、得られた結果に大笑いした。（Piaget, 1952, p.185）

やがて、「興味深い出来事が続くように」努力する様子が観察される。たとえば、ローランは見たことのないゴム製のサルの人形を見せられた。当初は驚き、不安な様子を見せるが、すぐに落ちつき、ヒモを引っ張る動作をした。ヒモを引っ張ってもこの場合は何も起こらなかったが、これは以前に興味深い結果をもたらした手続きである。この他の「興味深い出来事」としては、新しいおもちゃや、叩くと音が鳴るブリキ製の缶、広げられた新聞、そして指をパチンと鳴らすなど観察者が発する音があった。大人にとってこれらの事柄は当たり前のものだが、赤ちゃんにとっては新奇なものであり、おそらくチャレンジングな事象として体験されるのだろう。

1年目の後半になると、子どもが物体の性質を探索し、自分の持っている動作のレパートリーを試す場面が見られるようになる。そして、子どもは新たな結果を引き起こそうとして積極的に実験をする。ここで、生後9ヶ月になったローランの例を再び引用する。別々の機会に、あるときはノート、あるときはビーズの小銭入れ、あるときは木製のオウムの彫り物と、彼にとって新奇な物体が見せられた。この様子を注意深く観察したピアジェは、反応が4段階に分けられることを見出した。（a）物体を一方の手からもう一方の手に移し替える、小銭入れを折りたたむ等といった視覚的探索の段階、（b）手で物体をくまなくベタベタと触る、ひっかくなどの触覚的探索の段階、（c）物体を空間的にゆっくり動かす段階、そして、（d）物体を揺すったり、打ったり、振ったり、揺りかごの側面にこすりつけたり、吸ったりする等、自らの行動のレパートリーを駆使する段階。それぞれの段階において「生じる効果を研究しているかのような丹念さが見られた」とピアジェ（1952, p.255）は報告している。

ここでは、子どもは新しい状況において自分が既に知っている方略を用いているのだと指摘することができるが、やがては積極的に実験していることが明らかな行動パターンを呈するようになる。10ヶ月と10日になったローランには、パンが与えられた。この時点では、ローランはパンが栄養源になりうることを知らなかった。彼はパンを手にとって操作し、何度も落とし、かけらをもぎ取り、それらをも落とした。それまでも他の物体で同様のことをしたことがあったが、以前は「放す」という行為に集中しているようだった。ところが今回は「動いている物体（訳注：落ちていくパンのかけら）に対して非常に興味を持った。特に、落ちた後も長い間眺め続け、可能なときにはそれをまた拾いあげた」とのことである。翌日、ローランは「研究」を続けた。

> 彼はセルロイド製の白鳥、箱、そして他にもいくつかの小さな物体を次々とつかんだ。そして、どれも腕を伸ばして手を放し、落とした。あるときは真上に腕を伸ばし、あるときは目に見える斜め前、あるときは目に見えない斜め後ろに伸ばした。物体が新たな場所（たとえば自分の枕の上）に落ちると、もう2、3回同じ場所に落ちるように落とした。まるで空間的な関連を研究しているかのようであった。そして、彼はさらに状況へ変化を加えようとした。あるとき、白鳥が彼の口元に落ちたが、彼はそれに吸い付かなかった（いつもは習慣的に吸っているのに）。そして、単に開けただけの口の中へさらに3回落とした。（Piaget, 1952, p.269）

これらの例から、乳児が「ひま」なときにどのように過ごしているかのイメージが浮かび上がってくるだろう。当然、専門家である父親によって相当に豊かな環境を提供されていたわけだが、子どもをよく観察している親であれば、赤ちゃんが起きている時間、しかも飢え、性的欲求、苦痛、もしくは不安による圧力がかかっていないときには、よくこのような行動をすることに異議を唱える者はいないだろう。このような行動を従来の心理学用語で説明しても、抜け落ちる過程は少ない。子どもの様子から、知覚、認知、注意、学習、認識、おそらくは想起、そしてもしかしたら原初的な思考を行っていると考えられる。強い感情は欠如しているが、乳児が笑い、ガーグリングをし、時々声を上げて笑うことから、快適感情が生じていることが示唆される。系統立てた活動が、特に積極的な探索・実験において観察できる。乳児が、ストレスに伴うものをのぞくすべての心理過程をある程度の一貫性を持って顕していることは明らかである。それらの心理過程の中でどれかがより重要だと主張したなら、それこそ恣意的だといわざるを得ないだろう。

子どもが環境にいくらかの影響を与え、環境も子どもにいくらかの影響を与えるという子どもと環境の相互作用だととらえたとき、ここにあげた行動の例は意味のある斉一性を持つ。ローランは、鎖とガラガラを使って自分に何ができるのか——自らの注力によって面白い音を再現し、変化させられるか——について関心があるように見受けられる。父親であるピアジェの観察が正しければ、ローランは自分の注力の程度によって「鎖とガラガラ」という環境の一部にどのような効果の違いが現れるのか試しているかのように、自らの行動をシステマティックに変化させたようである。子ネコも、たとえば机の端に向かって鉛筆などの物体を前足で押すときに同様に変化を研究しているように見える。これらのすべての例では、子どもや動物が単に環境のつかの間の刺激に支配されているのではないことが明白である。自らが効果をもたらすことのできる環境の一部分を選んで継続的にはたらきかけているのだ。その行動は選択的であり、指向性があり、持続的である——要は、動機づけられているのである。

それでは、いったいどのような目標に向かって動機づけられているのであろうか。このように見ても、これらの行動は多くの側面を含んでいる。ローランが刺激に飢えていて、それを落ちつかせるために、環境から興味深い音や感覚、光景などの適度な刺激を引き出して感覚器に提供しようとしていたと見ることもできる。一方、活動欲求の視点を強調するのであれば、彼が快適な神経筋的運動に達しようとしていたのだと解釈することも可能だろう。さらには、行動自体に何らかの目的を見出そうとすることもできる——たとえば、知識の獲得、環境に対してより弁別力のある認知地図を構築し、そのことによって探索傾向や好奇心の動機を満足させようとしているとも考えられる。同様に、自分の活動に何らかの反応を示す事象に子どもが集中していることから、熟達・支配・統制、もしくは原始的な自己主張といったテーマを見出すことも可能だろう。このように列記すると目標があまりにも多すぎるように見えるので、ついついどの目標が最重要なのかを検討したいとの衝動に駆られる。しかし、理解しようとする上でそのような優先順位をつけることは致命的な誤りだと私は考える。

子どもと環境の相互作用のサイクルを恣意的な時点で止めずに「これが最重要なポイントである」とそれらの目標に優先順位をつけることは不可能である。私は、最重要なポイントは相互作用全体だと考える。行動から満足感が得られるのであれば、その満足感はサイクルの中の特定の時点において発生するものではない。感覚的な刺激だけによって発生するものでもないし、認知地図（cognitive maps）に習熟することだけ、協応的な行動だけ、筋肉活動だけ、注力したという感覚およびそれによって生じた結果だけ、もしくは知覚における変化の認識だけによって発生するものでもない。これらはすべて、ひとつの総体としてとらえるべきものの一部に過ぎない。子どもは、自らの置かれている環境に対して効果的にはたらきかけるだけの習熟度を発達させようとしているのである。そのためには、自分が環境に対してどのような効果が与えられるか、また、環境が自分に対してどのような効果を与えるのかを発見しなければならない。これらの結果が学習されれば、環境へ対処するコンピテンスが増大する。よって、子どもの遊びは本人にとっては単に興味深く楽しい活動なのかも知れないが、真剣な活動としてとらえることが可能だ。

　これらの行動の例と、他の研究者による環境への対処に関する指摘を念頭に置いて、次にコンピテンスの動機づけ的な側面の描写を試みるべきだろう。これも独自の名称が必要である。以下に展開する分析に基づき、それをエフェクタンス（effectance）と呼ぶことを提案したい。

5　エフェクタンス

この20年間の動物における動因に関する研究成果のおかげで、私たちは自由な思考ができるようになった。このことはエフェクタンスを説明するにあたって大きな助けとなる。もはや神経系の外のエネルギー源を探すことに縛られる必要もなければ、完了的な絶頂や強化と緊張低減の間の固定的な関係を探そうとする必要もない。もちろん、エフェクタンス動機づけは決して欠乏動機づけとみなすことはできないので、神経系外の組織や器官に源があると想定することもできない。「エネルギー」があるとするならば、それは単に神経系を構成する細胞を源とするものなので、エフェクタンス動機づけは神経原性のものである。外的な刺激も重要な役割を果たすが、環境における刺激を能動的に求めることからわかるように、「エネルギー」の側面からすれば、その役割は二次的である。具体的には、エフェクタンス動機づけは、神経系が「ひま」なとき、もしくは環境から弱い刺激を受けているときに神経筋系がしたいと欲することを表しているのだということもできる。欲求充足は、活動の喚起と維持によって得られているように見受けられる。当然、完了行動はないので、徐々に活動が低減して受動的で退屈な状態には向かわない。飢え、痛み、恐怖が強く喚起された場合のように激しくて強い動機とは性質が異なる。たとえば、子どもが遊びに夢中で食事やトイレに行くことを拒否する例はいくらでも見られる。一方で、強く喚起された一次的動因や苦痛、それに不安はエフェクタンス動機づけに優先され、神経筋系のエネルギーをとらえてしまうと見ることもできる。しかし、エフェクタンス動機づけは、ホメオスタシスの危機に直面していない間の余裕のある時間のほとんどを活動しているという意味では持続的である。

この主題について検討する際、行動には連続性があるということを忘れてはいけない。このことは、「言うは易く行うは難し」である。私たちはものごとを理解するために、習慣的にものごとを分解してしまうことがよくある——反射弓、刺激－反応連合、もしくは環境との単一の相互作用のエピソードで分析することなどが例としてあげられるだろう。しかし、遊びの中の探索にこのような分析法を適用すると、その行動の最も肝心な側面を見落としてしまう。遊びのような行動では、刺激－知覚－行動－効果－刺激－知覚…と絶えず循環しているのだ。より正確にいえば、これらの過程はすべて連続的な活動と連続的な変化に含まれるものである。「環境へ対処すること」は、すなわち「自分と環境の関係を徐々に変えるような継続的な相互作用をすること」を意味する。完了的な絶頂はないため、欲求充足は特定の目標達成ではなく、連続性のある相互作用や、特定の行動の傾向の中にあると考えるべきである。その際、「欲求充足」という言葉では意味に齟齬が生じてしまうので、エフェクタンスの主観的・情緒的側面を表すためには代わりに「効力感（feeling of efficacy）」を用いる。

ここで新奇性についての研究で得られた知見を振り返ると、新奇性に特有の特徴としては、関心を引き、一時的に持続的な行動を喚起するというものがある。また、動物や子どもが自らの行動の結果として大なり小なり環境に効果をもたらしたときに相互作用が選択的に持続することも、前述した通りである。刺激野に慣れ親しんでいる度合いが高く、反射的行動や自動化された習慣が生起するような状況では、関心は喚起・持続されない。同様に、行動によって刺激野に効果や変化が現れない場合も関心は持続されない。よって、エフェクタンス動機づけはヘッブ（Hebb, 1949）が指摘する同一性の中の差異（difference-in-sameness）があるような刺激条件のもとで生起するものとして想定すべきだろう。このことによって反応にも変化や新奇性が生じ、その結果としてさらに同一性の中の差異を生みだすことが可能になる。行動によってもたらされる効果が少なくなると、興味は薄れる。言い換えれば、ある状況を探索し尽くして新たな可能性が表れなくなると、エフェクタンス動機づけは鎮まる。

さらに、遊びや探索の中で喚起される興味が、行動の認知的側面および活動的側面の体系化を促進すると想定すべきだろう。刺激野に変化をもたらすこと自体が必ずしも目的とは限らない。受動的に動かされた場合でも刺激野に変化は生じるし、意図的でない行動の結果として生じ、その後注意が焦点化されずに探索行動に進展しない場合もあるだろう。同様に、効果の生じる行動自体が必ずしも目的となるわけでもない。たとえば、歩きながら意図せずに枝を蹴ってしまった場合や、意図せずにテーブルから物体を落としてしまった場合でも、それが必ずしも遊びや探索につながるとは限らない。このことを検討するにあたり、焦点的注意（focal attention）を重視したシャハテル（Shachtel, 1954）の論考が有用である。ローランが示した遊びと探索行動は非意図的でも偶発的でもなく、特定の対象に注意を焦点的に向けてのこと、すなわち刺激野における特定の側面を固定してそれが比較的一定のものとして認識されるようにしていた。さらに、その特定の対象へ行動をも焦点的に向けていたといえる。ダイヤモンド（Diamond, 1939）が指摘したように、このような条件下での反応は〝刺激との関連性が高く〟、関心の強さに影響するのは焦点化された刺激における変化である。環境へ対処するためには、環境の特定の一部へ焦点的に注意を向け、その部分に対して何らかの効果がもたらせるように行動を体系化させることが必要なのである。

　神経系の仕組みについて知られていることが少なすぎる現在においては、エフェクタンス動機づけの神経的基盤についての理論を形成することは不可能である。ただし、エフェクタンス動機づけはいかなる特定の神経活動とも、神経活動の全体とも関連していないことは明確にしておくべきだろう。

この概念は特定の行動から示唆されるその背景にある特定の行動を指すものである。反射等の自動的反応は含まれないといっても差し支えないだろう。複雑で高度に体系化された行動であっても、習熟度が高く、自動化された行動もエフェクタンス動機づけの範疇ではない。また、喚起された動因に資する行動も含まれない。非意図的で持続性のない行動は、場合によってはエフェクタンス動機づけの直接の先行要因になることもあるが、それ自体は含まれない。コンピテンスを求める傾向は、持続的な焦点化および焦点化に対する変化である探索や実験など、焦点化された対象に変化をもたらすような行動として表れる。このように選択的・指向的、持続的な活動が喚起されたとき、エフェクタンス動機づけも喚起されている。また、単にそのような活動に興じるというだけの報酬によって、道具的な行動が学習される。

多くの場合は遊びの中に見られるような行動と関連して「コンピテンス」という語を用いたことに対して違和感をおぼえる者もいるかも知れない。むろん、遊んでいる子どもは、厳しい現実世界に対処するコンピテンスを向上させようという欲求のためではなく、楽しいから遊んでいるのである。誤解を避けるには、遊びとコンピテンスの関係が、性行為とその生物学的な目標である繁殖と似ているととらえるとよいだろう。性動因は満足感と充足感を目標にし、繁殖は、原始的な理解水準では予期されない結果である。エフェクタンス動機づけも同様に、目標は効力感であり、その結果として為される生存に重要な学習ではない。ヒトの大人におけるコンピテンスを求める動機づけの役割を考えると、同様の類似性が見られる。今や性行為は完全に、かつ意図的に繁殖と分かれているといえるが、それでも、そこから得られる快感のために追求されるものである。同様にエフェクタンス動機づけは、実際にコンピテンスの向上につながらなくても、もしくは生存上コンピテンスの獲得が必要でなくても、探索的興味や冒険的活動につながることがある。どちらの動機づけも、生物学的に必要である以上の、余剰な満足感を生じさせることが可能なのである。

乳児や幼児においては、エフェクタンス動機づけは未分化だと考えるのが妥当だろう。より年齢が進んだ後は認知、操作、習熟、達成などを区別することが有用になるが、いずれにしても、これらの動機の根はすべてエフェクタンス動機づけである。人生経験の過程で環境との相互作用のサイクルにおいて強調されるポイントの違いによって分化が進む。当然、後期児童期や成人期における動機はもはや単純なものがなく、単一の根による場合はほぼ皆無である。元々のエフェクタンス動機に不安、防衛、補償などといった負荷がかかったり、性的、攻撃的、もしくは万能感的な無意識のファンタジーと融合したり、あるいは現実世界における収入や出世といった目標に向かうこともあるだろう。エフェクタンス動機づけが成人の動機づけにおいて主役だと主張することが本書の目指すところではない。動機が獲得される過程は非常に複雑であり、発達が進むにつれ、単純明快である個々の理論は意味を成さなくなってくる。しかし、それでもエフェクタンス動機づけを満足させることで、日常的な活動、特に継続的に新奇性の要因が現れるような課題において私たちを支える興味の感情が促進されているのかも知れない。

6　コンピテンスの生物学的意義

本書の冒頭で、人間の本質に関する生物学的に頑健な理解のためには動機づけ的な意味でのコンピテンスのような概念が必要不可欠だと述べた。その必然性は、特に生命体の性質を縦断的に検討すると明白である。ある生命体が特定の瞬間にしていることがわかっても、必ずしもその個体がより長い時間枠の中でする事柄を推測する手がかりとなるわけではない。この問題について、アンギャル（Angyal, 1941）は一定の長時間の中に見られる有機体的な過程の全体を通して一般的なパターンがあるのかどうか検討する必要があると主張している。このことは当然、成長や発達についての検討も必要だということである。アンギャルは、生命を「自己拡張（self-expansion）」の過程だとした。すなわち、生命体は環境の様々な側面を取り込んで「周囲を巻き込みながら拡張し」、取り込んだ事柄を自らの機能として統合していくのである。自然界にある他のものと有機体が異なるのは、一定の「自律性（autonomy）」を持つ「自治する存在（self-governing entity）」である点である。有機体を支配するのは、外的で「他律的（heteronomous）」な力だけでなく、内的な過程も存在する。生きている過程が進むにつれて、内的な過程は外的な過程に対する優位性が相対的に高まっていく。生命体は拡張しながら環境をより多く取り入れ、周囲に対するコントロールを増しながら周囲を変化させていく。このことについてアンギャルは「力動的には、有機体は全般的に自律性を増す方向に行動する傾向があるといえるのではないか…（中略）…ヒトは自己決定（self-determination）を希求する特徴的な傾向、すなわち外的な影響に抵抗し、他律的な物理的・社会的環境における力を従属させて自分の影響下に置こうとする傾向を持つ」と指摘する。自律性を増そうとする傾向は、何かしらの成長が起きている限りは起きるものだが、有機体はいずれ最期には、外的な圧力に屈する。

あらゆる生命を持つものの中で、自律性を最も強く希求するのはヒトである。これは、ヒトが環境を犠牲にしながら身体的に拡張していくという意味ではない。そうではなく、器用な手と有り余るほど発達した脳で、ヒトは自らの周辺環境に対して非常に有能に対処するという意味で自律的なのである。家・道路・橋の建設、道具・器具の製作、動物の家畜化や植物の栽培はどれも、環境を変化させて多少なりとも自らのコントロールの下に置き、元々は脅威となっていた環境の力を自らの役に立つようにしていることの表れである。また、たとえば外気の気温の変化に対しては、私たちは生理学的な恒常性を保つ機能——これだけではあまりにも不十分であることは明らかだが——だけでなく、衣服、住居、コントロールされた火、それにより高度で複雑なセントラル・ヒーティングやエアコンを使って対処することができる。種としてのヒトは、環境を自らのために役立てる非凡な能力を発達させている。このため、個々人が社会の中で生きていくためには、かなり高い水準のコンピテンスに達する必要がある。

人間の持つ能力に私たちはあまりにも慣れてしまっているために、その水準に達するためにはどれほどの見習い期間が必要だったのか気づきにくい。生まれた直後の人間の乳児は、他の動物と較べて学習速度が遅い。ヘッブ（Hebb, 1949）も「ヒトの初期の学習は、結果を達成するという観点からすれば、驚くほど効率が悪い」と述べており、その効率の悪さは脳における連合野の大きさと、その大きな部位を知覚の統制下に置くまでに時間がかかることが原因だとした。ヒトの学習の遅さは、最も近い種と較べても際だつ。たとえば、ヘッブが指摘するように、「ヒトの乳児は敵味方の区別がつくまでに6ヶ月かかるが、チンパンジーの場合は生後4ヶ月でも見分けられる」。より年齢を重ねてようやく遅かった分が挽回される。いったん基本的な知覚的要素や単純な連合、概念的な連鎖（conceptual sequences）が確立されると、より速く複雑な学習が可能になり、その速度と複雑さは加速的に増していく。ヘッブによれば、これは「成熟した段階における学習では、学習されるパターンや出来事は少なくとも部分的に馴染みがあり、他の知識ともいくらかの連合が存在する」ためである。

基礎の習得には時間がかかるものの後の学習がどんどん速くなっていくという漸増的な学習の原則によって最終的に達せられるのは、たとえば新しい技を発明する体操選手や新たなバレエ様式に挑戦するダンサーに見ることができる。特にその特徴が顕著なのは語学である。語学の学び始めにおける単語や発音の習熟度は、大人の気ままに展開する会話とかけ離れているものである。また、ヘッブは図形が認識できるようになる過程も、同様に基本的な要素を時間をかけて習得した後に、習得したパターンの組み合わせによって学習が加速していくのだと説得力のある主張をしている。たとえば、円や四角形は当初、一目見ただけでは区別ができないので、眼球運動や凝視を繰り返すうちに角度が認識できるようになるなど、ゆっくりとした学習過程が必要なのだと論じた。ヘッブによれば、眼球運動をせずに図形を識別できるようになるのは「生まれた瞬間から、目の開いている間に絶えず続く集中的かつ継続的な視覚的訓練のみによって可能となり、12歳から16歳の頃における技能の向上が顕著となる」のである。

　運動面においても、漸増的に学習されなければならないことが多い。遊び、探検する子どもは、ゆっくりと「自分がすること」と「自分が経験すること」の関係に気づいていく。たとえば、ある効果を得るためには、どのくらい強く押さなければならないのかということを学ぶ現象を考えた場合、〝S－R連合〟という考え方で理解しようとすると語弊があり、むしろ、子どもが〝R－S連合〟について学習していると考えた方が真実に近い。すなわち、効果は自らの行動によってもたらされるのである。ところが、このように順序を入れ替えて定式化したとしても、結合や連合を想定している限り、状況を正しく反映しているとはいえない。なぜなら、決まった神経経路と決まった運動反応だけで単純に説明できる行動は珍しいためである。ラシュリー（Lashley, 1942）が命名した「運動等価性（motor equivalence）」についてヘッブが指摘するように、レバーを押すように訓練されたラットは左前足で押すこともあれば、右前足で押したり、乗ったり、噛んだりして押すこともある。サルも、エサの入った箱を決まった手で開けるわけではないし、足を使ったり、棒を使ったりすることもある。さらに付け加えるならば、上手な野球選手は、どんな向きで走っていても、ジャンプしたりダイビングしたり、どんな体勢でもフライをキャッチすることが可能である。これらのどれも可能なのは、刺激野が表す環境への行動の効果について十分に学んできたためである。つまり、学習されたのは固定的な連合ではなく、刺激野に対して様々な行動によってもたらすことが可能な様々な効果という、緩やかな関係なのである。

もうひとつ、ピアジェ（Piaget, 1952）が示した例も発達理論における重要性を表すものとして特筆に値する。ピアジェによれば、精神発達の大部分は、物質に質量と永続性があるとの概念に基づいている。そのような「対象概念（object concept）」がなければ、空間や因果性についての概念を構築することは不可能だし、ものごとの基本となる自己と外界の区別をすることもできない。観察を通して、ピアジェは対象概念が「生得的でも出来合いでもなく、徐々に構築される」ことを見出した。彼の子どもたちは、生後7～8ヶ月になるまでは、物体が目の前から消えた場合に、その物体を探そうとしたというよりは、直前までその物体に対して行っていた、吸ったりつかんだりといった動作を続けようとしただけだった。物体が視界から消えたり手の届かないところに置かれたりした場合、単に布で隠しただけであっても、乳児たちはそれ以上その物体の探索をしようとしなかった。物体を動かしたり、振ったり、落としたりするなど、物質の性質を観察して学ぶ経験を重ねなければ、単に物体を最後に見かけた場所だけを見るだけで、消えた物体を能動的に探そうとはしない。生後12ヶ月をようやく過ぎた頃になって、物体が移動した軌跡を勘案した上で物体のありそうな場所を探すようになる。すなわち、学習の蓄積のみによって、子どもは物体の永続性概念を獲得するのである。

「遊び」といっても、乳児にとっては非常に大切な営みである。一見、暇に任せてヒモを引っ張ったり、ガラガラを振ったり、木製のオウムの人形をいじくったり、パンのかけらやセルロイド製の白鳥を落としたりしているように思えるかも知れないが、それをしていなければ、いつ視覚的刺激を弁別できるようになったり、物体を投げたりキャッチしたりできるようになったり、永続性概念の理解につながる学習を構築することができるようになったりするであろうか。それをしていなければ、その他の概念を理解するための礎石となる学習を積み上げることができるであろうか。人間の乳児の行動を綿密に分析するほど、乳児期が単に神経系が成熟し、筋肉が強くなるだけの時期ではないことが明らかである。乳児期はむしろ、環境とのより効果的な相互作用を可能にして自律性を高めるのに必要な認知的過程および運動的過程の基礎を獲得するための能動的な学習が持続的になされている時期である。よちよち歩きを始めるまでは無力に見えるかも知れないが、実はその頃までには、コンピテンスの獲得に関して大きな進歩を成し遂げているのである。

原始時代は、生存するためには一定のコンピテンスを獲得することが必要だったことであろう。よって、コンピテンスの獲得を最大化するような仕組みが存在するのだと推測することができる。特に、生まれ持った資質が極度に少なく、多くのことを経験によって獲得しなければならないヒトは、環境の性質や、環境との相互作用の機会を継続的に学習して積み上げることに有利にはたらくような仕組みがあったからこそ、生き延びてこられたのだと考えられる。このことに鑑みると、栄養や生殖などの生存・種の保存に関する目標に向けて強力な動因がはたらくのと同様に、コンピテンスの獲得に向けても強力な動因がはたらくのだと推測することもできるかも知れない。そうすると、生存に不可欠なコンピテンスに資する活動が遊びやのんびりとした探索行動に依存することはなんとも逆説的である。一方で、コンピテンスを獲得することはすなわち、環境を熟知して柔軟に対応する力をつけることであることを考えると、強い動因を持つことがむしろ適切でないとの考え方も説得力がある。強力な動因のもとでは、特定の課題は確かに効率よく学習されるが、周辺環境を熟知するような学習には至らない。

この指摘は半世紀前にヤーキースとダッドソン（Yerkes & Dodson, 1908）によってなされている。

彼らは実験で、特に課題が複雑であるときは動機づけを最大化することが必ずしも最も速い課題解決につながるわけではないことを示した。どのような課題にも最適な動機づけの水準があり、最適水準は動機づけが最大のときでも最小のときでもない。さらに、より複雑な課題においては、最適な動機づけの水準はより低い傾向にあった。より最近ではトールマン（Tolman, 1948）も認知地図についての論考で、同じ問題について考察している。認知地図は、学習の過程において感知される手がかりの幅によって狭い場合と広い場合があり、トールマンは認知地図が狭くなる条件のひとつに、動機づけ水準が高い場合があるのではないかと述べている。日常場面に置き換えると、たとえば仕事で重要な会議に向けて急いでいる人は、おそらく会場に早く着くための手がかりしか認知しないと考えられるのに対し、昼食後の散歩をしている人は、環境について多くの情報を感知することができるであろう。このような考え方は、動物を使った潜在的学習の実験や、ジョンソン（Johnson, 1953）が行ったような、動因水準による偶発的学習の違いを検証する実験から一定の支持を得ている。最近の研究では、ブルーナーとマッター、パパネック（Bruner, Matter, & Papanek, 1955）も学習の幅が中庸な動機づけによって促進され、強い動機づけによって阻害されるとの説を支持する説得力のある結果を得ている。彼らによれば、強い動機づけは「学習の速度を向上させる代償として、学習は狭くなる」とのことである。すなわち、注意が眼前の課題に集中されるため、課題に無関係なことは学習されず、よって将来的に役立てられることもない。

これらの事実を踏まえると、コンピテンスの発達に必要である動機づけが低くなる時間帯が多い仕組みが、生物学的に適切であることが理解しやすいだろう。だからといって、強い動因の低減に伴う狭くて効率の良い学習が全般的な環境対処能力に貢献しないわけではない。環境への対処能力の修得に関しては、そのような狭い学習も大切な要素だが、平穏なときにも学習がなされることで、より効果的に能力を修得できる。平穏なときにこそ、赤ちゃんは緊急性の低い課題への対処を修得する――食べる必要もなく怖くもない物体の性質を学んだり、失敗したときの罰が自分の意図しない静寂だというだけでもガラガラを鳴らすヒモを引っ張るのに適切な力加減を学習したりするなど、周囲の環境へ全般的に対処するための能力や知識を幅広く蓄積していくのである。

これまで見てきたように、コンピテンスの概念については無生物を中心とした環境との相互作用や対処の例を検討するのが最もわかりやすい。しかし、コンピテンスは動物や他の人間との相互作用にも同じだけ当てはまる。すなわち、子どもは無生物と同様に、自分が環境に対してどのような効果（effect）を与えるのかを学習しなければならないし、環境が自分にどのような効果を与えるのかについても学習しなければならない。生まれた直後の最初期における家族との相互作用は強い動因に関するものであることが多いので、エフェクタンス動機づけの果たす役割は見えにくいかも知れない。しかし、母乳で満腹になった乳児が丹念に母親の顔の特徴を観察する様子を思い起こせば、このような時期においても学習のための学習が自由に発動することがわかるだろう。

この最後の節では、コンピテンスおよびその動機づけの進化論的な意義について整理してきた。このような検討を行ったのは、コンピテンス概念の生物学的な根拠を深め、近年多く登場してきた同様の概念が達しえなかった行動理論の中での地位の確立を図るためである。私の考えでは、この概念が今後最も影響を与える可能性があるのは、人格発達の理解に関してである。[10] たとえば、コンピテンスは早期の対象関係や現実原則、そして初期の自我発達についての理解を助けるであろうか？　子どもの年齢によって使いうる防衛機制の種類を区別したり、原始的な防衛機制が適応機制に置き換わっていく過程を明らかにする手がかりを与えたりするのだろうか？　現在ではぽっかりと理論が抜けているものの、学校の課題での熟達などに膨大な時間とエネルギーが費やされる潜伏期と呼ばれる時期についての理論的な空白を埋める手立てになるのだろうか？　自己について、また、自尊心の変化についての理解を促進し、精神疾患の起源を解明する手がかりとなるのだろうか？　成人の動機や興味をより明快に描写することで、最も熱心な支持者たちも概念的に問題があると認めざるを得なくなっている昇華概念を救うことができるのだろうか？　これらの問題およびそれと関連する発達の問題については、コンピテンスの概念を導入することによって既存の理論や説明が不十分であることを示せるだけでなく、人格理論の行き詰まりの多くも解消できると私は考える。しかし、本書の目的はコンピテンスの理論的・生物学的な強みを示すことなので、これらのことについてここでは詳述しない。

7 要旨

はじめに、一次的動因に基づいた既存の動機づけ理論に対して不満が広がっている実情から本書の主題を提示した。不満は、動物心理学と精神分析的自我心理学というかけ離れた分野にさえ現れている。前者では、探索行動、操作、そして一般的な活動を説明するのに一次的動因が不十分であることが明らかになっている。後者では、効果的な自我の発達について説明しようとするには、本能論では重大な欠点があることが広く認識されている。理論の不備に対して動物研究者は二次的強化や不安低減といった概念を提唱したり、一次的動因に探索や操作を加えたりして対応を試みている。同様に、精神分析においては本能エネルギーの中和化概念に説明を求めたり、不安低減を自我発達の中心的動機に据えたり、習熟などの新たな本能を提唱したりしている。本書では、これらの説明はいずれも不十分であり、より的確な概念化が可能で、事実上は既に概念化されているも同然だと論じた。

概念化を試みるにあたり、まずは一次的動因説の見解の多くが最近の実験研究で覆されていることを指摘した。もはや、動因低減が快感や強化と関連していると考える理由も、動機づけには神経系外のエネルギー源が必要だと考える理由もない。このように考えることで、刺激や環境との接触を喜んで積極的に求めているように見受けられるような動物や人間の行動を、それ自体が独特の重要な事柄として検討する道が開かれる――そしてそれらの行動の際には、緊張や軽い興奮を楽しんでいるようにさえ見えるし、新奇性や変化そのものが楽しまれているようにも見える。本書では、環境への関心や環境からのフィードバックの報酬的な効果を示す複数の研究を引用した。そのうち最新のものは、環境への対処が動機づけの最も根源的な要素だと論じたウッドワース（Woodworth, 1958）である。

引用した論文を俯瞰すると、一次的動因では十分に説明できない行動には一定の斉一性があることが示唆されている。これらの行動には、視覚的探索、つかむこと、這うことや歩くこと、注意と認知、言語と思考、新奇な物体や場所の探索、周囲の操作、そして環境に効果的な変化を生じさせることが含まれる。そこで本書ではこれらの行動には共通した生物学的な意義、すなわちいずれも動物もしくは子どもが自らの環境と効果的に相互作用することを学ぶ過程を形成していると論じ、この共通した性質を表す言葉として「コンピテンス」を提案した。さらに、動因によって生起した行動ではコンピテンスを獲得することは不可能であると指摘した。コンピテンスに資するのは、遊び的・探索的でありながらも、環境との相互作用において指向性、選択性、そして持続性を呈するような活動である。以上のことから、最終的にはコンピテンスの形成に貢献する活動はしたがって独自の動機づけを持っていると考えるべきである。この動機づけを示す言葉としてエフェクタンス、そしてそれによって生じる体験を表す言葉として効力感（feeling of efficacy）を提案した。

その実直な生物学的意義とは裏腹に、エフェクタンス動機づけが最も顕著に現れるのは幼い動物や子どもの遊びや探索行動の中で見られる。その絶えず相互作用する性質を描出するために、ピアジェ（Piaget, 1952）からそのような子どもの行動の例を抜粋して分析した。通常、このような行動は刺激、認知、環境に対する効果、新たな刺激などといった出来事の連鎖から成り立っており、相当な持続性と、注力したことによってもたらされた変化など、興味深いフィードバックが得られた環境の当該部分への選択的集中が見られる。このサイクルを恣意的に断ち、たとえば認知だけ、もしくは積極的注力だけが目的であること、あるいはそれだけが満足の源だと主張することは、この行動の意義を台無しにしてしまう。エフェクタンス動機づけは、探索的、変化的、実験的な性質を持ち、刺激野における変化をもたらすような相互作用に満足感、すなわち効力感を伴うものとして考えるべきである。このような特徴を持っているために、環境をどのように変えられるのか、またその変化によってどのような結果がもたらされるのかを生物が学習することができるのである。

高等動物、特にその中でも生得的に備わっている能力が極めて少なく、環境への対処方法について多くを学習しなければならないヒトにおいては、一次的動因から独立したエフェクタンス動機づけを持っていることは非常に適応的に意義があることだと見ることができる。乳児期における学習速度の遅さと、周囲と効果的な相互作用ができる水準に達するまでに学習しなければならないことの多さを考慮すると、幼い動物や子どもはホメオスタシスの危機に陥っていない時間も着実に課題に向き合い続けていなければ十分に学習することができないだろう。ここでは「興味」が「課題」と結びつき、課題は楽しい遊びになるわけだが、この「興味」と「課題」の関係は、「性的快感」と生物学的な「繁殖」の関係といくらか似ているといえるだろう。エフェクタンス動機づけは、性欲、飢えや恐怖が喚起されたときのような激しさや強さを持っていると想定する必要はない。緩やかでありながら持続的だが、この特徴も適応に好都合だといえる。強い動機づけは狭い領域における学習を強制する一方で、緩やかな動機づけは危急の欲求に配慮することなく、全般的にコンピテンスのある相互作用につながるような探索的・実験的態度をもたらす。このように環境と絶えず持続的に相互作用しようという傾向を持っていなければ、人間の膨大な大脳皮質連合野は自滅をもたらす特殊器官に過ぎなかったかも知れない。

注

[1]「狭義」とはいえ、心理学における一般的な和訳である「有能さ」よりも英単語の competence の意味は広い。英語における一般的な用法では、competence は「能力」や「適性」などといった意味をも含む。ホワイトの提唱した概念は、その英語の用法よりもさらに範囲が広いということである。

[2] 英語の慣用句「curiosity killed the cat」（好奇心がネコを殺した）への言及。

[3] 全集の訳では「不特定の数の欲動を区別することができ、通常の場合でもそうしている。われわれにとって意義があるのは、この多くの種類の欲動を、少ない数の基本欲動に還元することができるかどうかということである。…（中略）…長期にわたるためらいと心の揺れの後に、われわれは、エロースと破壊欲動というたったふたつの基本欲動を仮定することを決断した（pp.182-183）」。

[4] その後は「攻撃性 aggression」と呼ばれることが多い。

[5] 全集の訳では「神経系とは、やって来る刺激を再び除去する、可能な限り低い水準に落とすという機能を授けられた器官、あるいは、もし可能であるなら、自分をおよそ刺激のない状態に保とうとする器

官である。…（中略）…神経系には一般的にいうなら刺激克服という課題があるとしよう（pp.170-171）」。

[6] 全集の翻訳は「それ自体としては中立的であるが、エロースの蠢きであれ破壊欲動の蠢きであれ、質的に異なったその双方どちらに付加されても、それぞれが持つ美級の総量を増大させることができるにちがいない…（中略）…こうした遷移可能なエネルギーという仮定なしには、もはや一歩も進めないところに来ているのである（p.273）」。

[7] この場合は、幼少期の「父殺し」のファンタジーを、父がなし得なかった成功を得ることで象徴的に達成しそうになったことを指している。

[8] テオドール・ライク（Theodor Reik）は精神分析学者で、１９４８年の著書 *Listening with the Third Ear* において、精神分析のセラピストが自らの無意識を使ってクライアントの無意識をひもとく過程を検討した。ここでは、「3つめの耳を使う人」は精神分析学者、「両耳を使う人」はそれ以外の心理学の専門家を指している。

[9] 日本と違ってアメリカには定年退職の制度がないため、ビジネスマンの退職時期は本人の意志によって決まる。〝ビジネスマン〟という職業も、日本語の〝サラリーマン〟よりは〝起業家〟の方が近い。

[10] ここでの「人格発達」は、精神分析に基づいた発達理論を念頭に置いており、ホワイトは、後の論文でここに記されている問題のいくつかについて理論を展開させている。下記のWhite（1960）はエリク・エリクソンの発達理論を補完しようとする試み、White（1963）は自我発達理論を補完する試み、White

(1965) はコンピテンス概念によって統合失調症の理解を補完する試みである。

White, R. W. (1960). Competence and the psychosexual stages of development. In M. R. Jones (ed.) *Nebraska Symposium on Motivation*, 1960. Lincoln: University of Nebraska Press, 97-141.

White, R. W. (1963). *Ego and reality in psychoanalytic theory: A proposal regarding independent ego energies*. Psychological Issues, 3, Monograph 11.（White, R. W. (1985). 自我のエネルギー —— 精神分析とコンピテンス（中園正身、訳）. 東京：新曜社）.

White, R. W. (1965). The experience of efficacy in schizophrenia. *Psychiatry*, *28*, 188-211.

「モチベーション再考」再考――訳者あとがきに代えて

本書は White, R. W. (1959). Motivation reconsidered: The concept of competence. *Psychological Review, 66*, 297-333. の全訳である。原書は単行本ではなく、大変な長編ではあるものの、単一の展望論文に過ぎない。半世紀以上も前の論文を今になって翻訳することの意義に疑問を持つ者もいるかも知れない。しかし、本書は動機づけ研究では古典に位置づけられているものであり、日本でも多くの研究者が引用しているにもかかわらず、まだ翻訳されたことはない。ここで提唱されたコンピテンス概念は、後の動機づけ理論、特に自己決定理論に大きな影響を与えたものである。多くの研究者にとっては既知の内容だと思われるが、読み返していただければ、改めてホワイトによるコンピテンスの概念化がいかに丁寧で奥深いかを再認識していただけるはずである。特に、動物心理学、発達心理学、行動理論、精神分析と非常に幅広い分野における新旧の展開を博覧強記にまとめている様は、見事だというほかない。自戒の念も込めて書くが、近年の展望論文で先行研究をここまで丹念に網羅し、つながりを示したものが果たしてどれだけあるだろうか。

想定している読者

動機づけの専門家は原書を既読だと思われるが、ぜひ和訳を再読していただきたい。訳者は、動機づけの専門家と議論して時々ホワイトの論考や概念が正確に伝わっていないのではないかとの疑念を持つことがある。たとえば、本書で提唱されたコンピテンスは自己決定理論で想定される3つの基本的欲求のプロトタイプだといえるが、これらの「欲求」は、欠乏動機ではない（自己決定理論の原語表記でも、一次的欲求は drive を使うのに対し、3欲求は need と、異なる語を用いている）。よって、本書の63ページでも書かれているように、「『欲求充足』という言葉では意味に齟齬が生じてしまう」のだが、自己決定理論の欲求について「充足する」と疑問を持たずに表現している研究者が多いように感じる。自己決定理論の原語では、自律性支援 autonomy support という概念に見られるように、欲求を支援 need support するという語を用いるのが本来は望ましい。さらに、自律性の欠如が自律性を求める行動を動機づけるかのような、自己決定理論の欲求を欠乏動機と混同する論を散見する。ぜひこの原典で、元々の理論的想定を確認していただければと思う。

また、本書は心理学を専攻する大学院生にもぜひ読んでいただきたい。ご自分の学位論文の執筆にあたり、どのように研究テーマの問題点を整理し、仮説を導き出していくか参考になるはずである

（ただし、仮説の検証方法について十分な検討がなされていないことがこの論文の問題点だと訳者は考えている）。

さらに、精神分析的なオリエンテーションで臨床や研究を行っている方々にも本書が読まれることを願う。ホワイトは精神療法家ではなかったが、実は精神分析への志向性は強かった。後に著した White（1960）ではエリクソンの生涯発達の理論を、そして White（1963）では自我発達理論についてそれぞれコンピテンス概念での補完を試みている。彼が精神分析の論壇において本流にいなかったこともあり、精神分析の理論に影響を残すことができなかったが、どちらも一読に値する論考である。実は、訳者はこのことについて自己決定理論の創始者のひとりであるリチャード・ライアン氏と２０１４年に行われた日本心理学会第78回大会での同氏の招待講演の際に話す機会があった。ライアン氏はホワイト氏の晩年にディシ氏とともに面会したそうで、その時にホワイト氏は、自らの理論が精神分析の界隈で受け入れられなかったことを非常に残念がっていたとのことである。

訳者自身は精神分析に依拠して研究を行っているわけではないが、実は、学部から大学院にかけて所属した研究室は精神分析的な精神療法の訓練・実践を中心に行っていた。現在所属している大学も精神分析的な志向性が強く、何かと精神分析と縁が深い。精神分析の理論からは学んだことが多く、自分の研究者としての土台となっていると考えている。人間の行動を説明するにあたって精神分析の理論に感じていた物足りなさを埋めてくれたのがコンピテンスの概念である。精神分析的な志向性を持つ諸姉兄はどのようにお考えになるだろうか。ぜひご意見を伺いたい。

翻訳方針

翻訳にあたっては、現代的な日本語で可能なかぎり平易な表現にするよう心がけたつもりである。原書はとても読みやすい英語で書かれているが、その読みやすさを日本語で十分に表現できていない点は訳者の力不足であり、読者の皆さんにお詫びしたい。

現在の論文執筆では筆者が「私」との一人称を使うことは推奨されていないが、原書ではたびたび「I」が使われているため、その部分に関しては現代的な論文の日本語用法から逸脱して「私」を使った。

原書の引用文献リストもすべて掲載し、日本語訳が出版されているものについてはできる限り調べて翻訳書も併記した。全集等に収録されていて押さえ切れていない翻訳もあるかも知れないが、その点はご容赦いただきたい。また、既存の訳がある引用については、入手可能な範囲で訳書に当たって和訳の文章を確認したが、文体がまちまちであったり、訳文が平易でなかったりして本書の中での収まりが悪くなる印象を受けたので、すべて改めて翻訳をした。

ホワイトが提唱したコンピテンスの現代的意義

特に発達的な視点から考えると、コンピテンスは多くの活動を説明する有用な概念である。探索的な活動のみならず、目的性を持った活動も、それを遂行する技術を習得するためには試行錯誤が必要であることを踏まえると、それらの行動はすべてコンピテンスで説明することが可能である。ホワイトはまた、統合失調症を自らの行動から効力感を得る能力の欠陥として説明を試みるなど（White, 1965）、精神病理の説明概念としての有用性も示唆される。

一方で、ホワイトの理論の最大の限界は、１９５９年の論文以降もエフェクタンス動機づけの個人差を測定しうる操作的な定義がなされていない点である。その理由としては、ホワイトが限定的な特性や側面のみに注目して人間の心理を理解しようとする実験心理学的なアプローチに懐疑的であったことを指摘できる。たとえば、ハーバードでの彼の恩師で主題統覚検査（ＴＡＴ）の開発者としても知られるマレーが編纂した人格心理学の名著で、現在も多くの大学でテキストとして使われている*Explorations in Personality*（Murray, 1938/2007）では、エリクソンやホワイトを含む複数の心理学者がそれぞれのアプローチで51人の対象者の人格を多角的に分析しているが、ホワイトはその中で唯一の事例研究法による分析を担当している。また、ホワイト自身の著作でやはり長年テキストとして使

われている *Lives in Progress*（White, 1952）も対象者3人を長期にわたって追跡し、人格の成長を多角的に分析している。ホワイトのホリスティックな志向は、エフェクタンス動機づけの循環的過程の特定の部分だけを取り上げて分析することは「致命的な誤りだと私は考える…最重要なポイントは相互作用の全体である」と述べていることからも窺える（本書 p.59）。いずれにしても、バンデューラが批判するように（Bandura, 1977）、容易に操作的定義をすることができるような概念化を避けてしまったためにエフェクタンス動機づけは測定する方法論が確立されず、実証的な研究はされていない。

ホワイトが理論を提唱してから約20年後にハーターが効力感の観点から操作的定義を試みており（Harter, 1978）、日本でもそれを参考にした尺度が開発されている（たとえば、桜井 1983; 勝俣・篠原 2000）。しかし、それらは佐柳（2008）も批判しているように、行動の結果としての〝効果〟を狭くとらえすぎており、ホワイトの提唱した概念を十分に反映しているとはいえない。また、ハーターのアプローチは遂行可能性の認知を問うているに過ぎず、その点では内容的にバンデューラの社会的学習理論の自己効力との区別がつかない。いずれにしてもハーターは効力感の感情的な側面を間接的にしか扱っていない。今後の研究で測定を試みる場合は、効力感の感情的な側面をより直接的に扱う方法を考案する必要があるだろう。

エフェクタンス動機づけを直接測定する可能性についても述べたい。ホワイトは、エフェクタンス動機づけが神経系から内発的に生じているとしながら「神経系の仕組みについて知られていることが少なすぎる現在においては、エフェクタンス動機づけの神経的基盤についての理論を形成することは不可能である」と述べている（本書 p.64）。それからの約60年間で脳科学は進歩しており、特に近年はｆＭＲＩ、光トポグラフィー、ＮＩＲＳなどの脳機能マッピングの技術進歩が著しい。これまでの心理学研究の方法では、神経系から生じているとされるエフェクタンス動機づけを行動や認知から間接的に類推する以外に方法がなかったが、このような方法を用いることによってエフェクタンス動機づけ概念の妥当性を実証的に検討できる余地が出てきているのではないだろうか。

謝辞

本書の出版を快く引き受けてくださった新曜社の塩浦暲さんに心より感謝するとともに、企画を提案してから大変お待たせしてしまったことを心からお詫び申し上げる。また、日頃から研究活動に有形無形の支援をいただいている日本発達心理学会ソーシャル・モチベーション研究分科会の仲間にも感謝したい。

人を伸ばす力
内発と自律のすすめ
E・L・デシ／R・フラスト 著
桜井茂男 監訳
四六判322頁
本体2400円

行動を起こし、持続する力
モチベーションの心理学
外山美樹 著
四六判240頁
本体2300円

公認モチベーション・マネジャー資格
BASIC TEXT
一般社団法人モチベーション・マネジメント協会 編
A5判192頁
本体1900円

自分を知り、自分を変える
適応的無意識の心理学
T・ウィルソン 著
村田光二 監訳
四六判360頁
本体2850円

【社会脳シリーズ　全9巻】　苧阪直行 編　四六判・カラー口絵

1	社会脳科学の展望	脳から社会をみる	272頁・2800円
2	道徳の神経哲学	神経倫理からみた社会意識の形成	274頁・2800円
3	注意をコントロールする脳	神経注意学からみた情報の選択と統合	306頁・3200円
4	美しさと共感を生む脳	神経美学からみた芸術	198頁・2200円
5	報酬を期待する脳	ニューロエコノミクスの新展開	200頁・2200円
6	自己を知る脳・他者を理解する脳	神経認知心理学からみた心の理論の新展開	336頁・3600円
7	小説を愉しむ脳	神経文学という新たな領域	236頁・2600円
8	成長し衰退する脳	神経発達学と神経加齢学	408頁・4500円
9	ロボットと共生する社会脳	神経社会ロボット学	近刊

＊表示価格は消費税を含みません。

著者紹介

ロバート・W・ホワイト（Robert W. White）

1904年マサチューセッツ州生まれ。ハーバード大学大学院の修士課程を修了後，メイン大学オロノ校で歴史学の講師として着任したが，自分の学生理解が不十分だと痛感するようになり，心理学を専攻するためにハーバード大学の博士課程への進学を決意。同期入学にB・F・スキナーがいた。ハーバード大学ではヘンリー・A・マレーに指導を受け，一番弟子として信頼されたといわれる。博士課程修了後は，1969年に退職するまでハーバード大学で教鞭を執った。2001年没。

訳者紹介

佐柳信男（さやなぎ　のぶお）

1970年東京生まれ。幼少期をアメリカとタイで合計10年間過ごす。国際基督教大学卒，同大学院博士前期課程を修了後，ラジオ番組制作会社勤務やフリーランスの翻訳者・通訳者を経て，国際基督教大学大学院博士後期課程修了。博士（教育学）。専門は動機づけで，自己決定理論に依拠して児童・生徒の学習意欲や，国際開発援助プロジェクトにおける農業研修への農業者の参加動機づけに関する研究などに取り組む。現在は山梨英和大学人間文化学部准教授。訳書に『モナ・リザと数学――ダ・ヴィンチの芸術と科学』（化学同人）と『アレックスと私』（幻冬舎）がある。

新曜社

モチベーション再考
コンピテンス概念の提唱

初版第1刷発行　2015年10月5日

著　者　ロバート・W・ホワイト
訳　者　佐柳信男
発行者　塩浦　暲
発行所　株式会社　新曜社
101-0051　東京都千代田区神田神保町3-9
電話（03）3264-4973（代）・FAX（03）3239-2958
e-mail：info@shin-yo-sha.co.jp
URL：http://www.shin-yo-sha.co.jp/

印　刷　新日本印刷
製　本　イマヰ製本所

ISBN978-4-7885-1445-4　C1011

人名索引

■ア行

アンギャル　Angyal, A.　69
アンスバッハー　Ansbacher, H. L.　39
アンスバッハー　Ansbacher, R. R.　39
ウェルカー　Welker, W. L.　3, 5, 6, 8
ウッドワース　Woodworth, R. S.　7, 8, 47-49, 80
ウルフ　Wolfe, J. B.　16
エリクソン　Erikson, E. H.　34
オールズ　Olds, J.　17
オルポート　Allport, G. W.　37

■カ行

カーディナー　Kardiner, A.　31
カプロン　Kaplon, M. D.　16
グロース　Gross, K.　46
ケーガン　Kagan, J.　11, 17
コーファー　Cofer, C. N.　4
ゴールドスタイン　Goldstein, K.　38, 49
コルビー　Colby, K. M.　30

■サ行

シェフィールド　Sheffield, F. D.　16, 17
シャハテル　Schachtel, E. G.　45, 64
ジョンソン　Johnson, E. E.　76
ジンバルドー　Zimbardo, P. G.　3, 12
スキナー　Skinner, B. F.　46
ステラー　Steller, E.　14

■タ行

ダイヤモンド　Diamond, S.　44, 64
ダシール　Dashiell, J. F.　1
ダッドソン　Dodson, J. D.　75
ダラード　Dollard, J.　37
トールマン　Tolman, E. C.　76

■ナ行

ニッセン　Nissen, H. W.　1

■ハ行

バークン　Berkun, M.　11
バトラー　Butler, R. A.　2, 4
パブロフ　Pavlov, I. P.　1
バーライン　Berlyne, D. E.　3, 5, 6
ハル　Hull, C. L.　i, 16
ハルトマン　Hartmann, H.　25-29
ハーロウ　Harlow, H. F.　2, 11
ピアジェ　Piaget, J.　46, 53, 54, 56-58, 73
ビーチ　Beach, F. A.　13, 15
ビブリング　Bibring, E.　20, 21
ビューラー　Bühler, C.　44
ビューラー　Bühler, K.　38
ヒル　Hill, W. F.　11
フェニケル　Fenichel, O.　24

ブルーナー　Bruner, J. S.　76
フレンチ　French, T. M.　38
フロイト　Freud, A.　26
フロイト　Freud, S.　i, 19-22, 26, 28, 30
ヘッブ　Hebb, D. O.　9, 40, 42, 63, 71, 72
ヘンドリック　Hendrick, I.　23, 24
ホワイティング　Whiting, J. W. M.　6

■ マ行

マイアーズ　Myers, A. K.　3, 7
マウラー　Mowrer, O. H.　6, 37
マクレイノルズ　McReynolds, P.　41
マクレランド　McClelland, D. C.　42
マズロー　Maslow, A. H.　39
マーフィー　Murphy, G.　38
マレー　Murray, H. A.　38
マンロー　Munroe, R.　27
ミッテルマン　Mittelmann, B.　32
ミラー　Miller, N. E.　3, 5, 7, 12, 14, 37
ミルナー　Milner, P.　17
モーガン　Morgan, C. T.　13, 15
モンクマン　Monkman, J. A.　6
モンゴメリー　Montgomery, K. C.　2, 6, 10

■ ヤ行

ヤーキース　Yerkes, R. M.　75
ヤング　Young, P. T.　42

■ ラ行

ラシュリー　Lashley, K. S.　15, 73
ラパポート　Rapaport, D.　28, 30
リューバ　Leuba, C.　41
リリー　Lilly, J. C.　42
ロスヴォルド　Rosvold, H. E.　14

事項索引

■ タ行

■ ナ行

■ ハ行

■ マ行

■ ヤ行

文　献

Allport, G. W. (1937). *Personality: A psychological interpretation.* New York: Holt.（Allport, G. W. (1982). パーソナリティ —— 心理学的解釈（詫間武俊・青木孝悦・近藤由紀子・堀　正，訳）．東京：新曜社）．

Allport, G. W. (1946). Effect: A secondary principle of learning. *Psychological Review, 53,* 335-347.

Angyal, A. (1941). *Foundations for a science of personality.* New York: Commonwealth Fund.

Ansbacher, H. L., & Ansbacher, R. R. (Eds.) (1956). *The individual psychology of Alfred Adler.* New York: Basic Books.

Beach, F. A. (1942). Analysis of factors involved in the arousal, maintenance and manifestation of sexual excitement in male animals. *Psychosomatic Medicine, 4,* 173-198.

Beach, F. A. (1951). Instinctive behavior: Reproductive activities. In S. S. Stevens (Ed.), *Handbook of experimental psychology* (pp.387-434). New York: Wiley.

Berlyne, D. E. (1950). Novelty and curiosity as determinants of exploratory behavior. *British Journal of Psychology, 41,* 68-80.

Berlyne, D. E. (1955). The arousal and satiation of perceptual curiosity in the rat. *Journal of Comparative and Physiological Psychology, 48,* 238-246.

Berlyne, D. E. (1957). Attention change, conditioned inhibition (SIR) and stimulus satiation. *British Journal of Psychology, 48,* 138-140.

Berlyne, D. E. (1958). The present status of research on exploratory and related behavior. *Journal of Individual Psychology, 14,* 121-126.

Bibring, E. (1941). The development and problems of the theories of the instincts. *International Journal of Psychoanalysis, 22,* 102-131.

Bruner, J. S., Matter, J., & Papanek, M. L. (1955). Breadth of learning as a function of drive level and mechanization. *Psychological Review, 62*, 1-10.

Bühler, C. (1954). The reality principle. *American Journal of Psychotherapy, 8*, 626-647.

Bühler, K. (1924). *Die geistige Entwicklung des Kindes*. (4th ed.). Jena: Gustav Fischer.（Bühler, K. (1966). 幼児の精神発達（原田　茂，訳）．東京：協同出版．）

Butler, R. A. (1958). Exploratory and related behavior: A new trend in animal research. *Journal of Individual Psychology, 14*, 111-120.

Butler, R. A., & Harlow, H. F. (1957). Discrimination learning and learning sets to visual exploration incentives. *Journal of General Psychology, 57*, 257-264.

Cofer, C. N. (1959). Motivation. *Annual Review of Psychology, 10*, 173-202.

Colby, K. M. (1955). *Energy and structure in psychoanalysis*. New York: Ronald.

Dashiell, J. F. (1925). A quantitative demonstration of animal drive. *Journal of Comparative Psychology, 5*, 205-208.

Diamond, S. (1939). A neglected aspect of motivation. *Sociometry, 2*, 77-85.

Dollard, J., & Miller, N. E. (1950). *Personality and psychotherapy*. New York: McGraw-Hill.（Dollard, J., & Miller, N. E. (1972). 人格と心理療法 ── 学習・思考・文化の視点（河合伊六・稲田準子，訳）．東京：誠信書房．）

Erikson, E. H. (1952). *Childhood and society*. New York: Norton.（Erikson, E. H. (1977, 1980). 幼児期と社会 1，2（仁科弥生，訳）．東京：みすず書房．）

Erikson, E. H. (1953). Growth and crises of the healthy personality. In C. Kluckhohn, H. A. Murray, & D. Schneider (Eds.), *Personality in nature society, and culture* (pp.185-225). New York: Knopf.

Fenichel, O. (1945). *The psychoanalytic theory of neurosis*. New York: Norton.

French, T. M. (1952). *The integration of behavior Vol. I Basic postulates*. Chicago: University of Chicago Press.

Freud, A. (1952). The mutual influences in the development of ego and id:

Introduction to the discussion. *Psychoanalytic Study of the Child, 7*, 42-50.

Freud, S. (1916). *Wit and its relation to the unconscious*. New York: Moffat, Yard.（Freud, S. (2008). フロイト全集 8：1905 年 ── 機知（中岡成文・太寿堂真・多賀健太郎，訳）．東京：岩波書店．）

Freud, S. (1925a). *Formulations regarding the two principles in mental functioning*. Collected papers, Vol. 4 (pp. 13-21). London: Hogarth Press and Institute of Psycho-analysis.（Freud, S. (2009). 心的生起の二原理に関する定式．フロイト全集 11：1910-11 年 ── ダ・ヴィンチの想い出・症例「シュレーバー」（高田珠樹・甲田純生・新宮一成・渡辺哲夫，訳）(pp. 259-267). 東京：岩波書店）

Freud, S. (1925b). *On narcissism: An introduction*. Collected papers, Vol.4 (pp.30-59). London: Hogarth Press and Institute of Psycho-analysis.（Freud, S. (2010)．ナルシシズムの導入に向けて．フロイト全集 13：1913-14 年 ── モーセ像・精神分析運動の歴史・ナルシシズム（道籏泰三・立木康介・福田覚・渡辺哲夫，訳）(pp.115-151). 東京：岩波書店．）

Freud, S. (1925c). *Instincts and their vicissitudes*. Collected papers, Vol.4 (pp.60-83). London: Hogarth Press and Institute of Psycho-analysis.（Freud, S. (2010). 欲動と欲動運命．フロイト全集 14：1914-15 年 ── 症例「狼男」・メタサイコロジー諸篇（新宮一成，訳）(pp.167-193). 東京：岩波書店．）

Freud, S. (1927). *The ego and the id*. (Trans. by J. Riviere). London: Hogarth Press.（Freud, S. (2007). 自我とエス．フロイト全集 18：1922-24 年 ── 自我とエス・みずからを語る（本間直樹・吉田耕太郎・家高　洋・太寿堂真・三谷研爾・道籏泰三，訳）(pp.1-62). 東京：岩波書店．）

Freud, S. (1948). *Beyond the pleasure principle*. London: Hogarth Press.（Freud, S. (2006). 快楽原則の彼岸．フロイト全集 17：1919-22 年 ── 不気味なもの，快原理の彼岸，集団心理学（須藤訓任・藤野　寛，訳）(pp.175-250). 東京：岩波書店．）

Freud, S. (1949). *An outline of psycho-analysis*. (Trans. by J. Strachey). New York: Norton.（Freud, S. (2007). 精神分析概説．フロイト全集 22：1938 年 ── モーセという男と一神教・精神分析概説（渡辺哲夫・新宮一成・

高田珠樹・津田均，訳）(pp.175-250). 東京：岩波書店.）

Goldstein, K. (1939). *The organism*. New York: American Book.

Goldstein, K. (1940). *Human nature in the light of psychopathology*. Cambridge, MA: Harvard University Press.

Groos, K. (1901). *The play of man*. (Trans. by E. L. Baldwin). New York: D. Appleton.

Harlow, H. F. (1953). Mice, monkeys, men, and motives. *Psychological Review, 60*, 23-32.

Harlow, H. F., Harlow, M. K., & Meyer, D. R. (1950). Learning motivated by a manipulation drive. *Journal of Experimental Psychology, 40*, 228-234.

Hartmann, H. (1950). Comments on the psychoanalytic theory of the ego. *Psychoanalytic Study of the Child, 5*, 74-95.

Hartmann, H. (1955). Notes on the theory of sublimation. *Psychoanalytic Study of the Child, 10*, 9-29.

Hartmann, H. (1956). Notes on the reality principle. *Psychoanalytic Study of the Child, 11*, 31-53.

Hartmann, H. (1958). *Ego psychology and the problem of adaptation*. (Trans. by D. Rapaport). New York: International University Press.（Hartmann, H. (1967). 自我の適応：自我心理学と適応の問題（霜田静志・篠崎忠男，訳）. 東京：誠信書房.）

Hartmann, H., Kris, E., & Loewenstein, R. (1949). Notes on the theory of aggression. *Psychoanalytic Study of the Child, 3/4*, 9-34.

Hebb, D. O. (1949). The organization of behavior. New York: Wiley.（Hebb, D. O. (2011). 行動の機構：脳メカニズムから心理学へ（上・下）（鹿取廣人・金城辰夫・鈴木光太郎・鳥居修晃・渡邊正孝，訳）. 東京：岩波文庫.）

Hebb, D. O. (1955). Drives and the c.n.s. (conceptual nervous system). *Psychological Review, 62*, 243-254.

Hebb, D. O. (1958). The motivating effects of exteroceptive stimulation. *American Psychologist, 13*, 109-113.

Hebb, D. O., & Thompson, W. R. (1954). The social significance of animal studies. In G. Lindzey (Ed.), *Handbook of social psychology* Vol. I (pp.532-

561). Cambridge, MA: Addison-Wesley.

Hendrick, I. (1942). Instinct and the ego during infancy. *Psychoanalytic Quarterly, 11*, 33-58.

Hendrick, I. (1943a). Work and the pleasure principle. *Psychoanalytic Quarterly, 12*, 311-329.

Hendrick, I. (1943b). The discussion of the "instinct to master." *Psychoanalytic Quarterly, 12*, 561-565.

Hill, W. F. (1956). Activity as an autonomous drive. *Journal of Comparative and Physiological Psychology, 49*, 15-19.

Johnson, E. E. (1953). The role of motivational strength in latent learning. *Journal of Comparative and Physiological Psychology, 45*, 526-530.

Kagan, J. (1955). Differential reward value of incomplete and complete sexual behavior. *Journal of Comparative and Physiological Psychology, 48*, 59-64.

Kagan, J., & Berkun, M. (1954). The reward value of running activity. *Journal of Comparative and Physiological Psychology, 47*, 108.

Kardiner, A., & Spiegel, H. (1947). *War stress and neurotic illness*. New York: Hoeber.（Kardiner, A. (2004). 戦争ストレスと神経症（中井久夫・加藤　寛，訳）．東京：みすず書房.）

Lashley, K. S. (1938). Experimental analysis of instinctive behavior. *Psychological Review, 45*, 445-471.

Lashley, K. S. (1942). The problem of cerebral organization in vision. In H. Klüver (Ed.) *Visual Mechanisms* (pp.301-322). Lancaster, PA: Jaques Cattell.

Leuba, C. (1955). Toward some integration of learning theories: The concept of optimal stimulation. *Psychological Reports, 1*, 27-33.

Lilly, J. C. (1956). Mental effects of reduction of ordinary levels of physical stimuli on intact, healthy persons. *Psychiatric Research Reports*, No. 5.

Maslow, A. H. (1954). *Motivation and personality*. New York: Harper.（Maslow, A. H. (1987). 人間性の心理学：モチベーションとパーソナリティ（小口忠彦，訳）．東京：産業能率大学出版部.）

Maslow, A. H. (1955). Deficiency motivation and growth motivation. In M. R. Jones (Ed.), *Nebraska symposium on motivation 1955* (pp.1-30). Lincoln, NE: University of Nebraska Press.

McClelland, D. C., Atkinson, J. W., Clark, R. A., & Lowell, E. I. (1953). *The achievement motive*. New York: Appleton-Century.

McDougall, W. (1923). *Introduction to social psychology* (16th ed.). Boston: John Luce.

McReynolds, P. (1956). A restricted conceptualization of human anxiety and motivation. *Psychological Reports, 2, Monogram Supplement 6*, 293-312.

Miller, N. E. (1951). Learnable drives and rewards. In S. S. Stevens (Ed.). *Handbook of experimental psychology* (pp.436-472). New York: Wiley.

Miller, N. E. (1958). Central stimulation and other new approaches to motivation and reward. *American Psychologist, 13*, 100-108.

Mittelmann, B. (1954). Motility in infants, children, and adults. *Psychoanalytic Study of the Child, 9*, 142-177.

Montgomery, K. C., & Monkman, J. A. (1955). The relation between fear and exploratory behavior. *Journal of Comparative and Physiological Psychology, 48*, 132-136.

Morgan, C. T. (1943). *Physiological psychology*. New York: McGraw-Hill.

Morgan, C. T. (1957). Physiological mechanisms of motivation. In M. R. Jones (Ed.), *Nebraska symposium on motivation 1957* (pp.1-35). Lincoln, NE: University of Nebraska Press.

Mowrer, O. H. (1950). *Learning theory and personality dynamics*. New York: Ronald.

Munroe, R. (1955). *Schools of psychoanalytical thought*. New York: Dryden.

Murphy, G. (1947). *Personality: A biosocial approach to origins and structure*. New York: Harper.

Murray, H. A. (1938). *Explorations in personality*. New York & London: Oxford University Press.

Murray, H. A., & Kluckhohn, C. (1953). Outline of a conception of personality. In C. Kluckhohn, H. A. Murray, & D. M Schneider (Eds.), *Personality*

in nature society, and culture (2nd ed.). New York: Knopf.

Myers, A. K., & Miller, N. E. (1954). Failure to fine a learned drive based on hunger: Evidence for learning motivated by "exploration." *Journal of Comparative and Physiological Psychology, 47*, 428-436.

Nissen, H. W. (1930). A study of exploratory behavior in the white rat by means of the obstruction method. *Journal of Genetic Psychology, 37*, 361-376.

Olds, J., & Milner, P. (1954). Positive reinforcement produced by electrical stimulation of septal area and other regions of the rat brain. *Journal of Comparative and Physiological Psychology, 47*, 419-427.

Piaget, J. (1952). *The origins of intelligence in children.* (Trans. by M. Cook). New York: International University Press.（Piaget, J. (1978). 知能の誕生（谷村　覚・浜田寿美男，訳）．京都：ミネルヴァ書房．）

Rapaport, D. (1951). *Organization and pathology of thought.* New York: Columbia University Press.

Rapaport, D. (1954). On the psychoanalytic theory of thinking. In R. P. Knight & C. R. Friedman (Eds.), *Psychoanalytic psychiatry and psychology* (pp.259-273). New York: International University Press.

Rapaport, D. (1958). The theory of ego autonomy: A generalization. *Bulletin of the Menninger Clinic, 22*, 13-35.

Rosvold, H. E. (1959). Physiological psychology. *Annual Review of Psychology, 10*, 415-454.

Schachtel, E. G. (1954). The development of focal attention and the emergence of reality. *Psychiatry, 17*, 309-324.

Sheffield, F. D., & Roby, T. B. (1950). Reward value of a non-nutritive sweet taste. *Journal of Comparative and Physiological Psychology, 43*, 471-481.

Sheffield, F. D., Roby, T. B., & Campbell, B. A. (1954). Drive reduction vs. consummatory behavior as determinants of reinforcement. *Journal of Comparative and Physiological Psychology, 47*, 349-354.

Sheffield, F. D., Wulff, J. J., & Backer, R. (1951). Reward value of copulation without sex drive reduction. *Journal of Comparative and Physiological*

Psychology, 44, 3-8.

Skinner, B. F. (1953). *Science and human behavior.* New York: Macmillan. (Skinner, B. F. (2003). 科学と人間行動（河合伊六・高山　巌・長谷川芳典・藤田継道・園田順一ほか，訳）．東京：二瓶社.）

Steller, E. (1954). The physiology of motivation. *Psychological Review, 61,* 5-22.

Tolman, E. C. (1948). Cognitive maps in rats and men. *Psychological Review, 55,* 189-208.

Welker, W. L. (1956). Some determinants of play and exploration in chimpanzees. *Journal of Comparative and Physiological Psychology, 49,* 84-89.

Whiting, J. W. M., & Mowrer, O. H. (1943). Habit progression and regression: A laboratory study of some factors relevant to human socialization. *Journal of Comparative and Physiological Psychology, 36,* 229-253.

Wolfe, J. B., & Kaplon, M. D. (1941). Effect of amount of reward and consummative activity on learning in chickens. *Journal of Comparative and Physiological Psychology, 31,* 353-361.

Woodworth, R. S. (1958). *Dynamics of behavior.* New York: Holt.

Yerkes, R. M., & Dodson, J. D. (1908). The relation of strength of stimulus to rapidity of habit-formation. *Journal of Comparative Neurology and Psychology, 18,* 459-482.

Young, P. T. (1949). Food-seeking drive, affective process, and learning. *Psychological Review, 56,* 98-121.

Young, P. T. (1955). The role of hedonic processes in motivation. In M. R. Jones (Ed.), *Nebraska symposium on motivation 1955* (pp.193-238). Lincoln, NE: University of Nebraska Press.

Zimbardo, P. G., & Miller, N. E. (1958). Facilitation of exploration by hunger in rats. *Journal of Comparative and Physiological Psychology, 51,* 43-46.

「モチベーション再考」再考 ── 訳者あとがきに代えて

Bandura, A. (1977). Self-efficacy: Toward a unifying theory of behavioral change. *Psychological Review, 84,* 191-215.

Harter, S. (1978). Effectance motivation reconsidered: Toward a developmental model. *Human Development, 21*, 34-64.
勝俣暎史・篠原弘章 (2000). 熊大式コンピタンス尺度の開発と妥当性 —— 小学生の問題行動との関係. 熊本大学教育学部紀要・人間科学, *49*, 93-108.
Murray, H. A. (1938/2007). *Explorations in personality* (Seventieth Anniversary Edition). New York: Oxford University Press.
桜井茂男 (1983). 認知されたコンピテンス測定尺度（日本語版）の作成. 教育心理学研究, *31*, 60-64.
佐柳信男 (2008). エフェクタンスと自律性. 小谷英文（編著）ニューサイコセラピィ —— グローバル社会における安全空間の創成（ICU COE シリーズ第 3 巻）. 東京：風行社, 29-46.
White, R. W. (1952). *Lives in progress: A study of the natural growth of personality*. New York: Holt.
White, R. W. (1960). Competence and the psychosexual stages of development. In M. R. Jones (ed.), *Nebraska symposium on motivation 1960* (pp.97-141). Lincoln: University of Nebraska Press.
White, R. W. (1963). *Ego and reality in psychoanalytic theory: A proposal regarding independent ego energies*. Psychological Issues, 3, Monograph 11.（White, R. W. (1985). 自我のエネルギー —— 精神分析とコンピテンス（中園正身, 訳）. 東京：新曜社.）
White, R. W. (1965). The experience of efficacy in schizophrenia. *Psychiatry, 28*, 188-211.